健康教育丛书

中学生健康必读

主　编
李清亚　张　琳
副主编
杨颖丽　王晓慧
编著者
李清亚　张　琳　杨颖丽　王晓慧
黄丽华　杨　丽　梁庆红　张　宁
马荣炜　张　韬

金盾出版社

内　容　提　要

本书介绍了中学生身体发育的特点与青春期性知识，中学生的营养需求、意外伤害与急救，中学生心理卫生以及建立良好的卫生习惯和科学文明的生活方式等知识。本书内容丰富新颖，文字通俗易懂，具有较强的针对性和实用性，是中学老师、中学生家长对中学生实施健康教育的好助手，也是中学生的良师益友。

图书在版编目(CIP)数据

中学生健康必读/李清亚，张琳主编.—北京：金盾出版社，2005.4
(健康教育丛书)
ISBN 978-7-5082-3522-6

Ⅰ.中…　Ⅱ.①李…②张…　Ⅲ.中学生-健康教育　Ⅳ.G479

中国版本图书馆 CIP 数据核字(2005)第 013373 号

金盾出版社出版、总发行
北京太平路 5 号(地铁万寿路站往南)
邮政编码:100036　电话:68214039　83219215
传真:68276683　网址:www.jdcbs.cn
封面印刷:北京印刷一厂
正文印刷:北京天宇星印刷厂
装订:北京天宇星印刷厂
各地新华书店经销
开本:787×1092 1/32　印张:6.25　字数:140 千字
2012 年 5 月第 1 版第 5 次印刷
印数:21 501～26 500 册　定价:11.00 元

前　言

世界卫生组织(WHO)根据各国不同的情况,将青春期的年龄范围定为10～20岁。目前,我国一般认定青春期年龄为11～18岁。所以,我国的中学生正是处于青春期的年龄段。

青春期是人一生中非常重要的发展时期。这个时期的青少年生长发育迅速,生殖器官逐渐发育成熟,是由儿童期向成年期过渡的重要阶段,也是一生中非常重大的转折时期。中学阶段青少年们的身体、心理、生理处于突变阶段,行为、习惯、性格、兴趣、爱好逐渐形成,它标志着一个人在生理、心理等方面走向成熟。此时,中学生们要从父母、老师的呵护中,开始独立自主地走向多姿多彩的社会。也正是在此时,有些中学生对自己身体上的急剧变化无法承受,加之其生理发育基本成熟,而心理发育相对滞后,使得生理与心理的发展出现不协调,给他们带来强烈的内心冲突。同时,性本能的发育也使他们茫然无措或激动不安。所以,青春期也是一个容易发生偏差、偏移、偏向和失衡、失守、失足等不稳定的多变时期。

在青春期这一特殊时期,对中学生们进行适时有效的健康教育,对于他们顺利度过青春期这一多变时期,使他们成长为体格健壮、心理健康、能够适应社会并成为对社会有用的人才,将起到非常重要的作用。基于这种历史责任感和使命感,我们组织编写了《中学生健康必读》一书。本书介绍了中学生身体发育的特点,中学生的营养需求,中学生良好的卫生习惯,建立科学文明的生活方式,中学生意外伤害与急救,中学生心理卫生,青春期性知识等内容。本书内容丰富新颖,文字通俗易懂,具有较强的针对性和实用性,是中学老师和中学生家长对中学生实施健康教育的好助手,也是中学生们的良师益友。

李清亚

2005 年 1 月

目　　录

第五章 中学生意外伤害与急救

第六章 中学生心理卫生

第七章　青春期性知识

第一章　中学生身体发育特点

一、体格发育特点

中学生进入青春期后，在神经内分泌系统影响下身体迅速生长，出现了人体生长发育的第二个高峰。除身高、体重增长外，同时有体形等方面的变化。青春期的生长发育加速（突增）可见于每一个正常儿童，是青春期开始启动的重要标志，但在起止的早晚、突增的幅度和突增侧重的部位上有明显的个体和性别差异。突增开始的年龄，女孩一般为10～12岁，男孩一般晚两年，为12～14岁。多数形态指标（身高、体重、肩宽等）均值的曲线随年龄增长而上升，而且无论男孩或女孩每项指标的曲线都有两次交叉现象。第一次交叉一般在10～11岁，交叉后女孩的发育水平超过同龄男孩；第二次交叉发生在14～16岁，交叉后男孩发育水平又超过女孩。随后男性的生长发育占优势，两性之间的差别越来越人，最后形成男子身材高大、肩部较宽、肌肉较发达，而女子身材较矮、体态丰满、骨盆较宽等体态特征。

（一）青春期身高增长加速

青春期前男孩、女孩的身高增长速度几乎是相同的，平均每年增长约5厘米，而进入青春期后则明显不同，男孩每年约增长7厘米～9厘米，最多可达10厘米～12厘米，整个青春期可增长28厘米；而女孩每年增长5厘米～7厘米，最高可达9厘米～10厘米，整个青春期可增长25厘米。通常女孩较男孩出现发育突增现象早两年，而终止年龄较男孩为早(中位数女孩17岁，男孩21岁)。据Marshall等研究报道，青春期发育突增阶段女孩达到身高增长高峰的平均年龄为12～13岁，平均每年增长9(±1.03)厘米，而男孩达到高峰的年龄为14～15岁，平均每年增长10.03(±1.53)厘米，由于男女之间青春期的生长发育不协调，致使在11～13岁时出现一过性女孩身高超过男孩，而当女孩生长开始减速时男孩则进入发育迅猛阶段，加上青春期前生长发育时间稍长，最终使得青春期后男性身高明显高于女性，平均男子身高较女子高10厘米左右。

(二)青春期体重增加加快

青春发育期在身高增长的同时体重也出现迅速增加，但其增加的高峰不如身高那样显著，而持续的时间比身高长，增加的幅度也比较大。男女儿童的体重在青春期都可望增加1倍左右，而且在达到成熟后体重仍然呈持续增加。成年体重的50%左右系在青春期获得。男孩体重增加达到最高峰的年龄与身高相同，而女孩体重增加的最高峰约在身高增长最高峰出现后6个月左右。有学者报道，女孩青春期体重增加的高峰平均每年增加8.3公斤，出现的时间平均为12.5岁，而男孩为9公斤，大约在14岁出现。

青春发育期体重的增加除与骨骼有关外，肌肉和脂肪的增加也很重要。在青春期发育阶段肌肉的发育非常突出，男孩肌肉组织的增加较女孩明显，其肌肉组织的发育将一直持续到第三个10年年龄时间方达到高峰。据研究发现，新生儿期全身肌肉重量仅占体重的23.3%，8岁时约占27.2%，15岁时达到32.6%，而17～18岁时全身肌肉的重量达到体重的44.2%。无论男童还是女童，在1～6岁阶段其皮下脂肪的含量逐渐减少，而女孩从8岁、男孩自10岁左右开始出现脂肪组织增加，整个青春期和青春后期女子的脂肪发育一直较旺盛，有时在青春期可出现过胖现象，而男子在身高、体重突增现象减慢后脂肪组织又逐渐减少。因此，在青春发育期后女子呈现丰满体态，而男子因肌肉的增长则表现出健壮体形。

（三）青春期身体比例和体形特征

青春期在身高发育突增的同时，身体的比例也出现相应的变化，身体各部位均出现程度不同的增长加速。初期手、足首先迅速增大，随后上、下肢肢体增长加速，由于肢体的发育快于脊柱，故导致上身与下身比例降低，使青少年出现长臂、长腿和相对大手大脚的不协调体形；当进入青春期发育的中后期时，脊柱的增长明显加速，而且持续时间较长，致躯干的增长超过肢体的增长，上身与下身比例逐渐恢复到1.0左右，最后呈现匀称协调的体态。

由于男女间骨骼发育的明显差异，导致男、女肩部和骨盆发育明显不同，此亦为青春期发育的重要特点之一。在青春发育期与生长突增相似，女孩的骨盆明显增宽，而男孩的肩部明显增宽，但这并非绝对和普遍的现象，目前也有较多的男、女儿童最终发育成体形高、肢体长、窄骨盆和窄肩的体形。

无论男孩还是女孩，青春期都有生理状态下的早熟、晚熟和平均三种类型。

早熟者的特点为身高发育早、达到高峰的年龄早，但增长过程短，因而其身高较晚发育者矮，体重与身高比值始终高于晚熟者，最终表现为宽盆、窄肩的矮胖型；晚熟者则与其相反，最终表现为窄盆、宽肩的细长型。这样，在体态方面早熟的女子具有显著的女性特征，晚熟的女子具有一定程度的男性特征；男性早熟者多具有女性特征，晚熟者具有显著的的男性特征。

二、心理发育特点

中学阶段正是青春期阶段，青春期是人生的黄金时代。它像春天那样生机盎然，充满着活力、热情、希望和理想。人在青春期身体发育达到成熟阶段，而心理发育则向成熟的路上迈进。这一时期，心理的发育表现出多样化的特征。但这种发育集中表现在五个方面，即性意识的发育，情绪的发展，智力的发育，兴趣的发育，以及自我的发育。

(一)性意识的发育

进入中学阶段，开始或已经进入青春期，脑垂体前叶分泌性发育激素。随着激素的分泌，促进了第二性征的发育，包括生殖器官的成熟，阴毛的生长和骨骼的成熟等。这些生理上的发育本能地刺激了性意识的萌发。此外，一些外界的因素对性意识的萌发也起着促进作用，如文艺作品中关于爱情的描写和两性亲昵的画面，对他们性意识的觉醒起着促进作用。伴随着性意识的觉醒，产生了性冲动。男女的性冲动多少有些不一样，性冲动的强度在男女之间有很大的差异。环境、生活方式、食物，尤其是对异性的心理关注，都是产生差异的重要因素。随着青春期的到来，性腺开始分泌性激素，并促进第二性征的发育。这时,异性相吸,彼此接近,互相爱慕,成为性关系的开端。

(二)情绪的发展

情绪是人对环境的一种反应。这种反应包括心理成分、身体成分、动机成分三个方面。在情绪发展中,特别值得探讨的是友爱、怜悯、自卑感、羞怯、罪恶感、恐惧、烦恼、焦虑、嫉妒、沮丧与敌对等。

1. 友爱　人性中最主要的成分是爱。爱对青春期具有特别的重要性。爱可以是主动的,对别人付出爱,增进别人的幸福;爱可以是被动的,接受别人爱的幸福,尤其是正确地理解周围的人对自己的爱。在儿童时期,对周围的人批评不认为是爱自己,但是随着年龄的增长,可以认识到“忠言逆耳”。在别人对自己批评的时候,能体会到是对自己的爱,这种对爱的感受能力与日俱增。另外,爱是相互的,彼此能增进对方的幸福。在付出爱的时候不应刻意地图回报。应树立对别人的关心是没有也不应该有回报的高尚情操,在这样的情况下,还能坚持付出,这才算是较为成熟的高尚的情感。青年理应爱父母,爱家庭,爱祖国,爱朋友,应该抛开自怜而关爱别人,设身处地地为他人着想而避免以自我为中心的满足。

2. 怜悯　和爱相近的情绪是怜悯。这种情绪对别人的不幸表示同情,不仅体会别人的感受,而且关心他人的不幸。美国哥伦比亚大学教授杰希德说:“怜悯是成熟之最有意义的表现,透过怜悯,是个人达到自我满足的最高峰和最高层次。”

3. 自卑感　自卑感源于不利的自我评价唤起的沮丧与羞耻的情绪。事实上,一个人也可能对自己的优异之点发生自卑感,具有自卑感的人对批评过分敏感,觉得别人处处找自己的错处。害怕和别人竞争，一旦失败，就责备自己或是责备他人。有害羞、孤独的倾向。在自卑感的支配下，中学生往往不能正确地分析自己发生问题的原因，不能恰当地评价自己的能力，所以在挫折面前往往采取消极的态度，丧失了信心，成为在心理上失败的懦夫。

4. 羞怯　羞怯等于是自卑感的表露。具有羞怯心理的人对自己缺少信心，在群体中保持沉默或是躲避别人以至隐姓埋名。青春期的羞怯大体上有两种表现形式。一种是自己做错了事情，害怕别人对自己的议论，表现出怕羞；另一种是不敢与人交往，对老师所提出的问题不敢回答，或者是面红耳赤，或者是一言不发。青春期是建立人际关系的年龄，中学生希望显示自己，但对失败则非常敏感。青春期是人际交往的关键时期，如果过分怕羞，则会妨碍你建立正常的人际关系，也不能充分地表达自己的见解。

5. 罪恶感　罪恶感是一种做错事而感到痛苦的情感，是自责发展的必然趋势。它既可源于在某种情况下自我感到行为不正当侵犯了道德规范的时候，也可源于想象中的犯罪而谴责自己。罪恶感的范围从不愉快到感到自咎，中学生特别容易产生罪恶感。罪恶感有好的一面，它往往是改正错误的起点，并使自己接受教训，没有罪恶感就不会促使自己改正错误；也有不好的一面，可以使自己陷于抑郁情绪之中不能自拔。

6. 恐惧　罪恶感和自卑感主要是发生于个人内心的情感。而恐惧、烦恼和焦虑则发生于人与人的相互交往之中以及人与环境和实践的联系上。恐惧是中学生普遍存在的，恐怖则是缺少合理依据的强烈而持续的恐惧。恐怖的原由较难阐释，它可能源于童年时代的经历，也可能是受到某种强烈刺激的结果。

7. 烦恼　烦恼是一种比较复杂的心理状态，包括恐惧、焦虑、紧张和自我谴责。烦恼是从对具有威胁性事物的关心分化而来，可以采取适当的步骤和方法加以预防。青春期的中学生烦恼比较多，特别容易为上学、社交、恋爱、选择职业等问题而烦恼。

8. 焦虑　焦虑是多种情绪的混合物，有的焦虑是正常的、有益的，能促使个人谨慎地面对危险，鼓励令人可以接受的行为标准。中学生特别需要以焦虑的心情来抑制尚未能完全由理智来控制的行为。缺少正常的焦虑，有可能使人的行为流于粗暴与冲动，只顾眼前而忘记行为的后果。焦虑随年龄、性别、情境的变化而变化。据有关研究表明，从初中到大学，处于青春期的学生由关心社会经济问题的焦虑，逐渐取代关心身体危险的焦虑。女生虽然也关心身体危险，但更关心考试问题，男生则重视能力与金钱。不过，两性共同焦虑的是性问题。

9. 嫉妒　嫉妒可能是被阻挠的爱、恐惧、愤怒、恨、失败、沮丧、羞耻的混合物，其刺激来源于社会。对嫉妒的反应可能是主动的，如采取攻击性行动；也可能是被动的，如采取压抑或退缩的行动。嫉妒程度的强弱是由自尊心受到打击的程度大小和希望得到某件东西的程度大小而定。一个人越感到不安全，受到威胁，越容易产生嫉妒。中学阶段是嫉妒生成的多发期。青春期的嫉妒心理多为对荣誉的嫉妒，如果周围的人比自己获得的荣誉多，则可能产生嫉妒心理；对情爱和人际关系的嫉妒，如果周围的同学人缘好，尤其是深得异性的好感，则对其易产生嫉妒的心理；对物质的嫉妒，如果周围的同学家庭条件好，或者是有自己没有的东西，也容易产生嫉妒心理。

10. 沮丧　沮丧是一种自我惩罚的有害调适方法。是被动的接受而不是建设性的解决问题。产生沮丧情绪的原因是不能达到重要的目的，或是没有能力解决现实存在的问题，或是缺乏生活乐趣。中学生常由于对现实有一些不恰当的估价，所以会因为不能达成“理想的自我”而沮丧，并产生挫折感。

11. 敌对　敌对的性质是主动的寻找发泄的对象。愤怒是敌对的基本反映，敌对时常是对人的仇恨。敌对最通常的原因是挫折，严重的挫折会唤起强烈的敌对。敌对的对象有时候指向自己，因为自己的缺陷构成了失败的原因，所以发展成持续的“自我拒绝”。

从以上所述可以看出，情绪在青春期分化为多种类型，但因为处于青春期的中学生生活面相对狭小，没有足够的社会经验和阅历来控制唤起情绪的境界。因此，情绪的波动性大，稳定性差，这是青春期心理的第二个主要特征。

（三）智力的发育

美国智力测验专家韦斯勒说：智力是个人有目的的行为、合理的思想和应付环境的全体性能。智力是全体的，因为它是个人全体行为的特征。青春期的智力发育因人而异，但大体上都是朝着稳定的方向发展。一般知觉的能力发育最早，并最先达到高峰。其次是记忆力的发育，发育较晚的是抽象的逻辑思维能力。虽然这些能力的发育有早有晚，但都是到了青春期才趋向于成熟，达到发育的高峰。智力生成对自我实现贡献极大，抽象的思维能力和运用观念的能力给人以信心和力量，用来消除生长过程中发生的荣辱问题。对于自信自己的智力能够应付世界的人，世界似乎不足以畏惧。青春期随着智力的发展，学校教育也在逐渐的深化。学识的增长使青春期的中学生知识的广度和深度都有所拓展，其结果是中学生在心中建立起衡量真伪的尺度，并进而用这种尺度来衡量世界上的人和物的真伪与是非。久而久之，会养成好批评和对现实不满的态度。这是青春期智力发展带来的第三种心理特征。

（四）兴趣的发展

兴趣是心理能力的一种，是偏向一种活动而又渴望参与更多活动的心理状态。一般来说。兴趣越浓，越能适应生活上的要求；缺少兴趣，则适应能力的发展受到阻碍。兴趣是心理卫生的渠道和桥梁，是一个人的思想向外界发展，使心灵超越自我；缺少兴趣，则成为烦恼和厌烦的猎物。

兴趣能推开心灵的大门，使一个人容易接受外界事物，渴望学习。一个热爱大自然的人，在森林漫步时，昆虫的叫声和鸟的歌声常常能吸引他，而寻常的过路人则置若罔闻。兴趣不但建立人际的心理沟通，同时建立人类与大自然的交融。

兴趣随年龄、智力、教育、社会环境、文化和性别等的变化而变化。因此，童年时代和青年时代，聪明人和愚蠢人，教育程度高的人和教育程度低的人，富裕的人和贫穷的人，城市人和乡村人，兴趣发展都不一样。中学阶段兴趣表现出以下几个特点：一是这一阶段的兴趣反应人的社会成熟程度；二是这一阶段的兴趣比较具有团体的性质；三是这一阶段的兴趣相对认真；四是这一阶段的兴趣渐趋稳定。

兴趣具有功利价值，有助于选择职业，还有助于使用自由时间，善于用自由时间来调剂忙碌和单调的生活是心理卫生所迫切需要的。中学阶段由于各种条件的限制，往往是兴趣未能充分发展出来，这是中学阶段的第四种心理特征。

（五）自我意识的发展

自我意识是人格发展的核心，许多心理学家相信，人类行为是由自我意识决定的。青春期的自我意识影响一个人应付环境的能力。自我意识对心理卫生特别重要，凡是能很好地适应各种生活环境的人，都具有较好的自我意识。

自我意识的发展是通过内化的机制，使外界对象内部化，从而使人逐渐有了自我控制的能力，具有独立和自治的能力。所以，青春期自我意识的第一个特征是独立意识的发展，他们意识到自己是一个独立的人，要求自己独立地处理自己的事情。

由于自我意识的发展，使中学生强烈地关心着自己个性的成长，他们对周围人对自己的评价非常的敏感，非常关注老师和家长对自己的评价，甚至一个很平常的批评，都会引起他们强烈的反应。

此外，中学生的自我评价趋于成熟。所谓的自我评价是一种包含着社会行为准则和主观经验的复杂的自我认识，是指自己对本身的思想、能力、水平等方面所做的评价，它是自我调节机制的主要成分。自我评价在青春期是逐渐成熟的，在刚开始时他们通过自我观察、自我体验、自我总结，较为全面分析和评价自己，并逐渐形成了相应的抱负和期望。但在刚一开始时往往不是过高就是过低地评价自己，而随着实践，自我评价才日趋完善。

由于青春期自我意识的完善，使得中学生有着较强的自尊心。自尊心是指个体要求人们尊重自己的言行，维护一定的荣誉感和社会地位的一种自我意识的趋势。自尊心是一个人对受社会和他人需要尊重的反映，不仅是一个与荣誉感密切相连的积极的心理品质，也是一个人进步的动力和最敏锐的情感。但是，许多中学生的自尊心过强，受不得批评，不能容忍一点不公正的待遇，当自尊心受到伤害时往往产生挫折感和不良的情绪，如焦虑、抑郁等。如果自尊心得到满足，则易出现骄傲感，这将阻碍中学生心身的健康，并会影响与周围同学的关系。

自我意识在这个时期是分化的，它分成了观察者的自我和被观察者的自我两部分，也就是理想中的自我和现实中的自我。理想中的自我，是一个人按照道德准则的社会要求来指导自己的行为，形成了自己想做一个什么样的人的总的观念，它与现实的自我往往有一定的距离。如果这个距离不大，往往会促使自己奋进，使自己取得进步；如果距离过大，则会产生挫折感。自我意识在这一阶段有特别重要的意义。在这个时期，许多生活理想和人生价值代替自我，构成中学生的人生观来指导他们的行为。处于这一阶段的中学生往往把人生的目标定得很高，与自己的实际能力和实际成就脱节，换句话说，是“实际自我”和“理想自我”之间发生距离，成为青春期心理发展的第五种特征。

综上所述可以看出，青春期的情绪发展有许多类型，但并不稳定。性的发展由于性激素的分泌，使性器官成熟和第二性征出现，伴随着性意识的发展，产生性冲动，从而使两性互相吸引，憧憬恋爱，需求性结合；智力发展达到顶峰，知识扩展，逐步在心中建立起衡量事物真伪的尺度，往往表现出好批评和对现实不满意；兴趣多方面发展而趋于稳定，但因牵制太多，往往使兴趣得不到充分发挥，难以达到自我实现的目的；自我意识的发展，容易造成自我设计理想过高，与实际能力脱节，构成实际自我和理想自我的距离。这些构成了青春期心理发展的主要特征。

第二章　中学生的营养需求

中学生正处于生长发育的第二个高峰期，生长发育迅速，新陈代谢旺盛，对热能、蛋白质、脂肪和糖类（碳水化合物）的需要量相对高于成年人，加之学校的学习生活紧张，生活环境发生变化，因此只有满足他们的营养需求，才能保证他们体格和智力的正常发育。

一、营养基础知识

人类通过每天摄入一定量的食物，维持机体正常的生命活动。食物中含有人体所必需的多种营养素，如糖类、蛋白质、脂肪、无机盐、维生素、水及膳食纤维等，以满足多种活动所需的热能，提供细胞、组织与器官生长发育和修复的材料，并维持机体的正常生理功能。各种营养素之间既密切相关，又互相制约。当某种营养素缺乏或过多时，不仅对机体本身产生直接影响，还常常导致其他营养素的代谢紊乱，因此要合理补充营养素。

（一）热能

1. 热能的来源　人体所需要的热能来源于食物中的糖类、脂肪和蛋白质。所以，这三类营养素统称为“产热营养素”或“热源质”。通常所说的三大产热营养素，是指糖类、脂肪和蛋白质。

这三种营养素产生的热能是不同的，每克糖类产生的热能为 16.7 千焦（4.0 千卡），每克脂肪产生的热能为 37.6 千焦(9.0千卡),每克蛋白质产生的热能为16.7千焦(4.0千卡)。三种营养素中脂肪产生的热能最高,糖类与蛋白质产生的热能基本一致。了解这一常识,就可以通过增加或减少这三种营养素的摄入量来控制热能的平衡。换句话说,也就是要想控制热能的平衡,可以通过调整这三种产热营养素来实现。

2. 热能的单位　多年来,热能的单位一直用卡或千卡来表示。目前,国际上已将热能的单位统一用焦(J)表示,我国现已将热能的单位由卡改为焦,但为了照顾习惯用法,有些人同时应用卡和焦。两种热能的单位换算如下:

1千卡(Kcal)=4.184千焦(KJ)

1千焦(KJ)=0.239千卡(Kcal)

1 000千卡(Kcal)=4.184兆焦(MJ)

1兆焦(MJ)=239千卡(Kcal)

3. 热能的消耗　中学生对热能的消耗包括以下4个方面:

(1)基础代谢:基础代谢是指在清醒、安静、空腹的情况下,于20℃～25℃环境中,人体各种器官为了维持生命进行最基本的生理活动所消耗的热能。年龄越小基础代谢的热能需要越大。如果用千克体重或体表面积来计算,小儿较成人为高,婴儿每日平均约需热能230千焦(55千卡)/千克体重,并随着年龄的增长而逐渐减少;7岁时每日约需热能184千焦(44千卡)/千克体重;12岁时每日约需热能126千焦(30千卡)/千克体重,与成人相仿。不同器官的代谢在基础代谢中所占的比例也随年龄而有所不同,如婴幼儿期脑代谢占总基础代谢的三分之一,到成人期则减少到四分之一;而肌肉消耗的热能在婴儿期仅占8%,成人期则占30%。

(2)食物的特殊动力作用:人进食以后产热较进食前有所

增加，称为食物的特殊动力作用。它包括摄食后即刻影响的是胃肠道消化、吸收、器官蠕动增强等活动和其后的食物代谢过程，如氨基酸的脱氨以及转化成高能磷酸键时所产生的热能。

(3)劳动：劳动包括体力劳动和脑力劳动。体力劳动是消耗热能的主要形式，体力劳动强度越大，消耗热能越多。中学生体力活动较多，所以热能消耗多，故应加强热能的供给。另外，不能忽视脑力劳动对热能的消耗，中学生学习负担较重，脑力劳动强度大，消耗热能多。因此，中学生的热能供给应高于成年人。

(4)生长发育：生长新组织需要消耗热能。中学生正是生长发育旺盛阶段，所以需要的热能较儿童时期应有较大增加，否则将影响其生长发育。

上述几方面热能的总和就是总的热能需要。如果热能较长时间供给不足，初期机体尚可代偿，进一步发展下去，可出现体重下降，生长速度变慢，学习能力低下等。长期热能供给过多时，容易引起肥胖症。

(二)营养素

人体必需的营养素包括糖类(碳水化合物)、蛋白质、脂肪、维生素、无机盐、水和膳食纤维。

1. 糖类　提起糖，有些人的唾液可能就会增多。因为在一般人的观念中糖总是和甜味联系在一起的，认为糖类就是各种各样的糖的总称。但在营养学上，糖类是由碳、氢、氧三种元素按一定比例组成的一大类有机化合物，不仅是日常生活中所提到的糖，粮食中的淀粉也属于糖类。多数糖的分子内氢、氧两种元素的比例是2∶1，所以又把糖类叫碳水化合物。

糖类的分类方法有多种，根据其分子构成一般分为单糖、双糖和多糖。单糖和双糖一般都略带甜味，是日常生活中所说的糖。多糖主要指淀粉，是粮食的主要成分，另外还有动物糖元也属多糖类。糖类是人体最主要的供能物质，食物中的糖类主要以淀粉形式供给人体，进入人体以后以糖原的形式暂时储存于肝脏和肌肉中，成为肌肉活动所需热能的后备物质。

(1)糖类的生理功能

①供给热能。糖类对机体最重要的作用是供能。特别是葡萄糖能很快被代谢，提供热能，满足机体需要。

②合成蛋白质和脂肪碳架。糖类是构成机体的一种重要物质，并参与细胞的许多生命活动。它可与脂肪酸或蛋白质结合成糖脂、糖蛋白和蛋白多糖，从而构成细胞和组织。糖脂是细胞膜与神经组织的组成成分；糖蛋白是一些具有重要生理功能的物质，是某些抗体、酶和激素的组成成分；蛋白多糖，如核糖和脱氧核糖是核酸的重要组成成分。多余的糖可以在体内转化成脂肪，但糖不能转化成蛋白质，只能转化成一些非必需氨基酸。

③帮助肝脏解毒和维持神经系统的功能。摄入足量的糖可以增加肝糖原的储存，增强肝脏功能。人体内肝糖原丰富，对某些细菌、毒素的抵抗力就增强，对酒精、药物也有解毒作用。糖类对于维持神经系统的功能具有很重要的作用。尽管大多数人体细胞要由脂肪和蛋白质代替糖作为能源，但是脑、神经和肺组织却只需要葡萄糖作为能源物质，若血液中葡萄糖水平下降，使脑缺乏葡萄糖，则可迅速发生不良反应。

④节约蛋白质和参与脂肪代谢。糖类有助于人体维持氮平衡，因为人体摄入蛋白质后，以氨基酸的形式被吸收，体内游离氨基酸增多，这些氨基酸在体内合成人体所需的蛋白质或进行其他代谢，这一过程需要热能。如果糖类不够，热能的

供给不能满足需要，就有一部分氨基酸分解供给热能，这不利于维持体内氮平衡，也不经济。适量的糖类，可减少蛋白质的消耗。脂肪在体内的代谢也需要糖类，如糖类不足，脂肪氧化不彻底，会产生过多的酮体，故糖类有抗生酮的作用。

糖类所产的热能应占总热能的55%～65%。糖类的主要来源为谷类。

(2)糖类摄取过量对健康的危害

①易生龋齿。有些中学生患有龋齿，遇冷、遇热牙齿就会疼痛，遇酸更是痛苦不已。龋齿又称虫牙，主要因为在牙齿形成阶段过量进食蔗糖所致，如蔗糖含量高的食物糖果，粘附在牙齿上就成了细菌繁殖的温床。这些细菌把蔗糖分解后，牢固地粘在牙齿上，形成牙斑。牙斑在口腔微生物的作用下形成酸性物质，酸性物质对牙齿有腐蚀作用，时间长了便形成龋齿。有些中学生可能认为已经是青少年了，牙齿也已成形长好了，不会长虫牙了。其实不然，只是此阶段蔗糖腐蚀牙齿的作用没有牙齿生长阶段那么严重罢了。

②易致骨折。有些专家指出，过多食用白糖是导致骨折的重要原因之一。调查资料显示，长期大量吃糖或甜食，其骨折发生率比不嗜甜食的人高5倍。其原因是过多地吃糖，使体内产生大量的酮酸、乳酸等酸性物质，必然影响体内酸碱平衡，长期下去体内要消耗大量的钙、镁、钠等碱性物质，造成骨质疏松，故容易发生骨折。中学生体力活动量大，每天都要蹦蹦跳跳，如果骨质很脆弱，岂不是很危险吗？

③影响情绪。有的人脾气暴躁一些，有的人脾气温和一些。摄入糖类过多，可使人脾气变坏。

④导致肥胖。肥胖与摄入糖过多的关系已经是众所周知的了。摄入的糖越多则产生的热能越多，热能的产生大于消

耗，多余的热能则转化成脂肪贮存于体内，脂肪蓄积过多，就形成了肥胖。中学生虽然应加大热能的供给，但是也应预防肥胖的发生。

最近有人指出，癌症、冠心病、糖尿病都与进食糖过多有关。

2. 蛋白质　蛋白质不仅是构成人体细胞和组织的基本成分，也是保证人体各种生理功能的物质基础。调节生理活动的多种激素，输送各种小分子物质的运输蛋白，促进各种生化反应的酶类和具有防卫功能的免疫球蛋白等，都是由蛋白质所组成的。

蛋白质的生理功能包括：

(1)建立新组织和修补、更新组织：食物蛋白质的重要作用是供给人体合成各种蛋白质所需的氨基酸，由于糖类和脂肪中不含氮，蛋白质便是人体中氮的惟一来源。

(2)催化和调节生理功能：人体的新陈代谢是通过成千上万种化学反应来实现的，这些化学反应绝大多数是借助于酶的催化作用而迅速进行，而酶就是蛋白质。激素是机体内分泌腺分泌的一类化学物质，它随血液循环流遍全身，调节机体的正常活动，对机体的生长发育和适应内外环境的变化具有重要的作用，这些激素中有许多就是蛋白质或肽。

(3)免疫作用：机体对外界某些有害物质具有一定的抵抗力，当细菌、病毒入侵，人体可以产生相应的抗体，来阻断抗原对人体的有害作用，这就是机体的免疫作用，这种免疫作用是由免疫球蛋白和其他抗体来完成的。而这些免疫球蛋白是由蛋白质组成的。

(4)调节渗透压：正常人体内血浆和组织液之间的水分在不停地进行交换，并经常保持平衡，这种平衡取决于血浆中电解质的总量和胶体蛋白质的浓度。饮食中如果长期缺乏蛋白质，血浆蛋白的含量便降低，血液中的水分便过多地渗入到周围组织中而造成营养不良性水肿。

(5)提供热能：人体每天所需要的热能有10%～15%来自蛋白质。

中学生不仅需要摄入蛋白质补充损耗，而且还要用之于身体生长发育，故对蛋白质的需要量相对较高。人体每天合成的蛋白质数量远远大于由食物摄入的蛋白质量，表明体内的蛋白质分解后所产生的大部分氨基酸仍然用于蛋白质的再合成。

含蛋白质的主要食物来源为乳类、鱼类、肉类、蛋类及大豆类，谷类食物含必需氨基酸少。所有动物蛋白及大豆蛋白，由于其氨基酸的组成比例与人体氨基酸相近，且所含必需氨基酸的量较多，吸收利用率高，所以称为优质蛋白。除要求摄入食物应含蛋白质需求总量之外，还要求各种氨基酸之间的比例必须符合人体的要求，才能为人体所充分利用。实际上，各种食物的氨基酸比例不可能完全符合理想的模式，但如混合食用几种食物，可使必需氨基酸的种类和数量相互补充，使之更接近人体的需要，从而可提高食物的生物价值，这就是蛋白质的互补作用。例如，小麦、大米、玉米等谷类蛋白缺乏赖氨酸，而豆类则富含赖氨酸，故谷类食物如配以大豆，可补充蛋白质及赖氨酸的不足。

3. 脂肪　脂肪从来源上可分为动物性脂肪和植物性脂肪两大类。动物性脂肪为牛、羊、猪、鸡、鸭、鱼等的体脂，以及乳、蛋、肝中的油脂；植物性脂肪有豆油、花生油、菜油、茶油、棉籽油、玉米油、芝麻油以及坚果，如核桃、花生、杏仁、葵花子所含的油脂。动物性脂肪含饱和脂肪酸较多，室温下呈固体状；植物油中含不饱和脂肪酸较多，在常温下呈液体状。脂肪是提供人体热能的重要营养素。

脂肪在体内的功能包括：

(1)提供热能：脂肪在小肠中分解成脂肪酸和甘油。一部分再变成脂肪储藏在体内，另一部分脂肪酸氧化成二氧化碳和水，产生热能。脂肪富含热能，只要人体需要，脂肪可随时用于人体代谢。

(2)提供必需脂肪酸：有些不饱和脂肪酸如亚油酸、亚麻酸和花生四烯酸等在体内不能合成，缺乏这些必需脂肪酸会影响人体的正常功能，表现为皮肤角化、伤口愈合不良、生长停滞、心肌收缩力降低、免疫功能下降和血小板凝集障碍等。

(3)协助脂溶性维生素的吸收：脂肪是脂溶性维生素(维生素A、维生素D、维生素E、维生素K等)的溶剂，这些维生素必需溶解于脂肪才能被人体吸收，所以完全不食脂肪会引起脂溶性维生素缺乏病。

(4)防止散热：脂肪组织是一种不良导热体，皮下脂肪能防止体温大量向外放散，同时可以保护神经末梢、血管、脏器，以及防止外界辐射热的侵入。

(5)机械的保护作用：很多腹内脏器周围都有脂肪组织的保护，这样可以免受外力打击而发生损伤。

此外，食用油不仅能增加菜肴的美味、促进食欲，而且因脂肪在胃中停留时间较长，故具有较大的饱腹感。

随着人们生活水平的提高，肥胖、冠心病、脑血管病对人类危害日趋严重。人们对胆固醇一词已不再陌生，许多人认为胆固醇是这些疾病的“罪魁祸首”，所以目前不少人，尤其是老年人对胆固醇望而生畏。一些年轻人出于疾病贵在预防的想法，对胆固醇也是退避三舍。然而，胆固醇同其他许多营养素一样为人体所必需,只是过量才有害。

胆固醇是体内合成激素的原料,尤其是性激素的原料,如果没有胆固醇,性激素无法合成,没有性激素,对人类的影响是不可设想的。尤其是中学生,如果性激素过少,则会影响生长发育以及第二性征的维持。胆固醇是人体内合成维生素D的原料,体内缺乏维生素D,人的骨骼就不能正常发育,儿童就会患佝偻病,成人则会患骨质疏松症。有些农村的儿童天天晒太阳仍得佝偻病,一方面是由于膳食中缺乏维生素D和钙,另一方面与胆固醇摄入过少也有关。胆固醇是体内合成胆汁的原料,如果没有胆固醇,就不能合成胆汁酸,胆汁酸的功能是使脂肪乳化,帮助吸收,缺乏时脂肪的吸收则发生障碍。

如果胆固醇过多,就会沉积在血管壁上,引起动脉粥样硬化,特别是一些儿童,其动脉壁上也有胆固醇沉积,这已引起了人们的注意。但是,胆固醇主要来自机体本身的合成,食物中的胆固醇仅占次要位置。如一个70公斤体重的人,体内大约有胆固醇140克,每天大约更新1克,其中五分之四由体内代谢产生,只有五分之一需从食物中补充,每人每天从食物中摄取胆固醇200毫克即可满足身体需要。胆固醇的吸收率只有30%,随着食物中胆固醇含量的增加,吸收率还要下降,所以对于中学生来讲,胆固醇的摄入量不必过分控制,当然高脂血症者例外。

脂肪所提供的热能应占总热能的15%～25%。

脂肪的来源主要为肥肉、乳类、蛋黄、肉类、奶油、肝、植物油等。植物油是人体必需脂肪酸的良好来源。

4. 维生素　维生素是维持人体正常生理功能所必需的一类有机物质,其主要功能是调节人体的新陈代谢,但不产生热能。虽然需要量不多,但因人体内不能合成或合成量不足,故必须由食物供给。维生素的种类很多,根据其溶解性维生素可分为脂溶性(维生素 A、维生素 D、维生素 E、维生素 K)和水溶性(B 族维生素和维生素 C)两大类。脂溶性维生素由于易溶于脂肪溶剂中,故可储存在体内,不需每天补充,而且排泄缓慢,缺乏时症状出现较迟,但过量易致中毒。水溶性维生素因易溶于水,其多余部分可迅速从尿中排出,不易储存,故需每日供给,缺乏后症状迅速出现,过量时一般不发生中毒。

(1)维生素 A 和胡萝卜素:维生素 A 只存在于动物性食物中,如动物肝脏、蛋黄、奶类中。各种鱼肝是最丰富的来源。在有色蔬菜,如菠菜、油菜、胡萝卜及红心甜薯中所含的胡萝卜素被人体吸收后,可以在体内转变成维生素 A。

维生素 A 和胡萝卜素均为脂溶性物质,所以在饮食中含有适量脂肪对其吸收是很重要的,生吃胡萝卜是不科学的。维生素 A 和胡萝卜素在高温下与氧接触会遭到破坏,正常的烹调方法不影响食物中维生素 A 的含量,但是油炸会使温度上升到摄氏 100 度以上,这时维生素 A 就会遭到破坏。另外,酸败的油脂中维生素 A 大部分被破坏,这种油不仅有难闻的气味,其营养价值也降低。维生素 A 和胡萝卜素对紫外线是敏感的,阳光可将其破坏。晒干的蔬菜和水果中所含的胡萝卜素含量大大降低。用透明玻璃瓶盛鱼肝油,置放于明亮的阳光下后,其效能就会失去。

维生素 A 是最早发现的维生素,其生理功能如下:

①维持夜视功能。日常生活中,当从阳光普照的外面进入电影院的时候,不能马上看清,有时撞了别人还看不清座位,但在黑暗中呆一会儿,就能看清周围的一切了,这是一个很正常的自然过程。因为眼睛的视网膜中有两种视觉细胞,即视杆细胞和视锥细胞。视杆细胞分布在视网膜的周边,感受弱

光；视锥细胞分布在视网膜的中心部位，感受强光和辨别颜色。视锥细胞中的感光物质是由维生素 A 的衍生物和视蛋白结合形成的，存在于视杆细胞中的叫视紫质，存在于视锥细胞中的叫视紫蓝质。人处在光亮处时，对光敏感的视紫质完全分解。一旦由亮处转到暗处时，不能看见暗处物体。当视紫质重新合成时，暗光中的视力也逐渐恢复，这个过程叫暗适应。所以，维生素 A 对暗适应时间的长短起着决定作用。体内维生素 A 供应充足，暗适应时间就比较短；体内维生素 A 不足时，暗适应时间就比较长。

②为人体生长发育所必需。现已证实，维生素 A 有助于细胞的增殖和生长，骨骼、牙齿、头发的生长都离不开维生素 A，如果缺乏维生素 A，在软骨组织形成前，骨骼首先停止发育，头颅和脊柱就不会继续长大，无法适应神经系统的发育；牙齿珐琅细胞生长不均匀，并出现裂纹和凹陷，牙齿的坚固性受到影响。

③维持健康的上皮细胞组织。上皮组织细胞分布在呼吸道、消化道、泌尿道等处，被称为抵御细菌侵入的第一道防线。维生素 A 缺乏常使人的皮肤粗糙，粘膜干燥易感染，眼球干燥、角膜软化，甚至造成失明。

④其他功能。维生素 A 能增强机体免疫力，对预防某些癌症，尤其是皮肤癌有重要作用；维生素 A 与维持正常生殖功能有关，缺乏维生素 A 时，生殖能力降低。缺乏维生素 A 时食欲不佳，原因是味蕾发生了变化。

(2)维生素 D：维生素 D 是类固醇的衍生物，因具有抗佝偻病的作用，所以又叫抗佝偻病维生素。维生素 D 的种类很多，以维生素 D_2(麦角钙化醇)和维生素 D_3(胆钙化醇)最为重要。人体内可由胆固醇转变为 7-脱氢胆固醇并储存于皮下，再经日光照射转变为维生素D_3,所以又有人称维生素D_3为太阳维生素。

维生素D_3以海鱼肝脏最为丰富；禽畜肝脏和奶类中也含有少量；谷物、蔬菜、水果中含量更少或没有。也就是说,在一般情况下,单靠从食物中获得足够的维生素D_3是不容易的,所以通过日光照射在体内合成维生素D_3是一个重要途径。

维生素D_2的生理功能如下：

①促进骨与软骨的正常生长。骨是坚固的支持组织,与其他组织相似,其细胞处于不断的改变与更新中。骨的长度在生命的早期就已确定了,骨结构始于软骨,然后逐渐钙化。维生素D_2的作用在于促进钙和磷的吸收,并使钙和磷最终形成骨骼组织的基本成分。

②促进牙齿的正常发育。牙齿的生长与骨的生长相似,也需要适量的钙与磷,缺乏维生素D_2的儿童,颌骨发育不好,牙齿发育不正常,因此长出的牙排列不整齐,容易出现孔洞和牙病。

③抗疲劳。缺乏维生素D_2会使人感到疲倦、乏力,不愿运动和不愿参加体力劳动。

(3)维生素B_1:维生素B_1缺乏可引起脚气病,主要表现出疲乏、淡漠、食欲差、恶心、忧郁、急躁、沮丧、麻木、心电图异常等,所以维生素B_1又名抗脚气病维生素。维生素B_1在碱性条件下受热则极易被破坏,甚至在室温条件下储存亦可逐渐被破坏。所以,在煮粥、煮豆时不要加碱,蒸馒头时也不亦加碱过量。亚硫酸盐在中性及碱性环境中能加速维生素B_1的破坏,故在保存含维生素B_1较多的食物如谷类、豆类和猪肉时,不宜用亚硫酸盐做为防腐剂,也不宜以二氧化硫熏蒸谷仓，更不能为了使馒头变白而用硫黄（二氧化硫）熏馒头。维生素 B_1 极易溶于水，淘米过久，维生素 B_1 损失较多。

维生素 B_1 主要存在于种子食物中，包括谷类、豆类、坚果等，以及用这些原料制成的食品如馒头、面条、米饭、芝麻酱等；动物的心、肝、肾、脑、猪瘦肉及蛋类中含量也很丰富。蔬菜较水果含维生素 B_1 稍多，但不是主要来源。谷类食物中，全粒谷含维生素 B_1 较多，杂粮含维生素 B_1 也不少。

维生素 B_1 在小肠吸收，吸收后在体内主要分布于心、脑、肝、肾及肌肉组织器官，在血液中主要集中在红细胞内。维生素 B_1 在体内不能储存，体内的总量只有 30 毫克左右，大量摄入时，过多的部分便从尿中排出。维生素 B_1 具有以下重要的生理功能：

①糖代谢的催化剂。维生素 B_1 缺乏时，体内糖代谢紊乱，葡萄糖不能最终分解成二氧化碳和水，而使丙酮酸和乳酸在血液中堆积。这两种物质的浓度一旦过高时，乳酸可使肌肉疼痛和疲劳，丙酮酸使血管扩张，使心脏负担加重。当饮食中加入维生素 B_1 时，这些情况即可得到迅速改善。

②食欲的促进剂。维生素 B_1 有抑制胆碱酯酶的作用，从而抑制乙酰胆碱的分解。乙酰胆碱能促进胃肠蠕动和消化腺分泌。当维生素 B_1 缺乏时，胃肠蠕动减慢，消化液分泌减少，而表现为食欲减退，如果能够及时补充维生素 B_1，即可改善食欲。

③重体力劳动后的补充剂。如果劳动量或运动量过大，体内能量大量消耗，机体若要迅速产生热能，需要大量的维生素 B_1。所以，重体力劳动时应注意多补充一些含维生素 B_1 丰富的食物。

④发热后的康复佳品。一般人发热后常常出现疲乏无力，

多数人对此不太注意，致使这种症状持续存在数天，从而影响身体恢复。其实，若能及时补充维生素 B_1，这种症状能很快得到改善。这是因为人在发热时体内的维生素 B_1 被大量消耗了，体温越高，发热时间越长，维生素 B_1 消耗就越多。所以，发热后要及时补充维生素 B_1。

(4)维生素 B_2：维生素 B_2 又叫核黄素。纯的维生素 B_2 为橙黄色结晶，溶于水，水溶液呈黄色。维生素 B_2 对热稳定，在中性或酸性溶液中加热到100℃仍能保存。在碱性环境中较易被破坏。维生素 B_2 对光比较敏感，如将牛奶放入瓶中，以日光照射2小时，维生素 B_2 可破坏一半以上。

动物性食物一般含维生素 B_2 较高，其中以肝、肾和心的含量为最多，奶类及蛋类含量也不少；植物性食物中，绿叶蔬菜和豆类含量也较高；某些调味品和菌藻类食物含量很高，但由于食用量少或不常吃，因而不是维生素 B_2 的主要来源。我国人民的膳食结构以植物性食物为主，所以一般比较容易发生维生素 B_2 的缺乏或不足。

维生素 B_2 的生理功能如下：

①辅酶的组成成分。维生素 B_2 是体内许多酶系统的辅酶的组成成分，一切动物的生长和发育都与它有关。概括而言，维生素 B_2 是人类幼年时期生长发育及壮年时期延长青春、推迟衰老、精力旺盛的必需品。

②参与细胞的正常生长。在皮肤粘膜，特别是经常处于活动部位的皮肤，损伤后的再生需要维生素 B_2。如果维生素 B_2 缺乏，小的损伤也不易愈合，被视为维生素 B_2 缺乏的特殊表现。

③参与铁代谢。维生素 B_2 还与体内铁的吸收、储藏及动员有关，在防治缺铁性贫血中有重要作用。

(5)尼克酸:尼克酸又名烟酸、维生素PP。尼克酸缺乏引起的疾病叫癞皮病，主要是因皮肤粗糙而得名。尼克酸是维生素中性质最稳定的一种。尼克酸广泛存在于组织中,但多数食物含量较少，其中含量最丰富的为酵母、花生、全谷、豆类及肉类,特别是肝脏。

尼克酸的生理功能如下：

尼克酸为辅酶Ⅰ和辅酶Ⅱ的组成成分,在糖、脂肪和蛋白质代谢过程中起重要作用。其最重要的功用是预防和治疗癞皮病。

缺乏尼克酸会发生癞皮病,初期表现为疲劳、乏力、工作能力减退、记忆力差以及经常失眠。后期的典型症状是皮炎、腹泻和痴呆。皮炎多呈对称性,分布于身体暴露和易受摩擦的部位,开始出现红肿、水疱及溃疡等,随后皮肤出现粗糙、脱屑、色素沉着等。胃肠道症状为食欲减退、消化能力减弱、恶心、呕吐、腹痛、腹泻及便秘等。精神神经症状有急躁、忧虑、抑郁、记忆力减退、情绪变化无常、失眠或嗜睡、昏睡、木僵以至发展为痴呆症。

(6)维生素 B_6:维生素 B_6 在人体新陈代谢和一些疾病的治疗中起着重要的作用，从婴儿的惊厥到小细胞低色素性贫血,以及神经衰弱、眩晕、呕吐,甚至皮炎都用维生素 B_6 治疗,抗脂肪肝、防治动脉粥样硬化、降低血脂也用它。维生素 B_6 为什么有这么多的功能呢?原来它参加体内60多种酶系统的活动,是热能产生、脂肪代谢、血色素生成所必需的。维生素 B_6 缺乏易患失眠症、步行困难、皮肤炎症等。严重缺乏时,脑电图发生变化,婴儿可出现抽搐。给予维生素 B_6 后,脑电图可恢复；肌内注射维生素 B_6,几分钟后抽搐可消失。

维生素 B_6 广泛分布于动、植物食物中。含量较高的有豆类、畜禽肉、肝脏、鱼类等。

(7)叶酸:叶酸因存在于所有的绿叶蔬菜中而得名。一般情况下人体不会缺乏，如果长期不能进食新鲜蔬菜,胃肠功能障碍妨碍叶酸吸收，以及服用某些药物使需要量增加时，可发生叶酸缺乏症。叶酸缺乏可影响红细胞的生成,使人发生巨幼红细胞性贫血，其红细胞比正常人的体积大,并且发育不全,患者出现衰弱、面色苍白、精神萎靡,失眠健忘等症状。孕妇如果缺乏叶酸,可影响胎儿的脑发育,出现神经管畸形。

叶酸最丰富的食物来源是动物肝脏,较好的来源是绿叶蔬菜、酵母及动物肾脏,其次为畜禽肉、面粉等。

(8)维生素 B_{12}:维生素 B_{12}是惟一含有金属的维生素。它含有人体所必需的微量元素钴。维生素 B_{12}是 B 族维生素中至今发现最晚的一种。在维生素中，它的分子量最大,结构最复杂。自然界中的维生素 B_{12}都是由微生物合成的,因此这种维生素在植物性食物中甚少,主要存在于动物性食物,如动物肝、肾,乳类、海鱼、虾中，另外发酵的豆制品中含量也相当丰富,臭豆腐含量较多,腐乳、豆瓣酱、黄酱、酱油中也含有一定的数量。

人体肠道只能合成少量维生素 B_{12},主要是在结肠合成，所以人体需要的维生素 B_{12}主要来源于食物。如果长期以植物性食物为主,动物性食物摄入过少,或胃肠疾病影响维生素 B_{12}的吸收,可引起维生素 B_{12}缺乏症。维生素 B_{12}缺乏常见的一般症状是周身无力、体重下降、舌炎、背痛、四肢有针刺感、神态呆滞等。缺乏严重时,可导致巨幼红细胞性贫血和神经系统的损伤，并可引起严重的精神症状。

(9)维生素 C:维生素 C 又名抗坏血酸,因能预防和治疗坏血病而得名。在各种维生素中,它的性质最不稳定,对氧、碱、热很敏感。所以，如果食物储存与加工不当，极易造成维生素C损失。一般蔬菜烹调，可损失30%～50%。含维生素C较多的蔬菜有辣椒、菜花、苦瓜、雪里蕻、青蒜、油菜、荠菜、芥菜等。西红柿含维生素C虽不太多，但能够生吃，而且加热后损失也少。在鲜果中酸枣、鲜枣、山楂含量很高，比柑橘类水果要高7～10倍，而苹果、梨、桃所含维生素C仅为柑橘类水果的十分之一。所以，水果的经济价值和营养价值并不成正比。豆子发芽时维生素C大量增加。

维生素C的生理功能如下：

①维持健康的结缔组织。人体具有亿万个细胞，所有的细胞结合在一起，就像砖被水泥灰浆粘在一起一样。抗坏血酸的一个重要功能就是帮助身体来制造这种水泥状物质，这种物质叫结缔组织。软骨、韧带、动脉壁、静脉壁、毛细血管以及骨和牙齿的基质都需要结缔组织，灰浆的结合力靠的是水泥，而结缔组织的结合力与健康靠维生素C维持。也就是说，维生素C太少会削弱结缔组织。

②预防坏血病。坏血病是一种以多处出血为特征的疾病。临床表现为牙龈红肿、出血，易感染化脓，牙齿松动脱落以及皮下出血、受压部位有淤血点、骨膜下出血，关节痛或肌肉痛、疲倦，烦躁等。

③治疗贫血。维生素C能使难以吸收的三价铁还原成二价铁，促进肠道内铁的吸收，因此有助于治疗缺铁性贫血。叶酸缺乏，可以引起巨幼红细胞性贫血，而叶酸必须在维生素C的作用下，转变成具有生理活性的形式才能发挥作用。因此，在治疗巨幼红细胞性贫血时，除供给叶酸外，还应供给维生素C。

④促进伤口愈合。维生素C对体内所有结缔组织的正常

生长都很重要。发生外伤和骨折时，新组织的合成离不开维生素C。所以，如果受伤后饮食中维生素C很少或根本没有，伤口愈合就很慢，如能及时补充维生素C，则有助于伤口愈合。

⑤万能解毒剂。维生素C被称为万能解毒剂，它可以减轻砷、汞对肝脏的毒害，防止铅、苯中毒。

5. 无机盐　人体内除碳、氢、氧、氮主要以有机化合物的形式存在外，以钾、钠、钙、磷、镁、氯、硫等7种元素含量较多，每天需要量在100毫克以上，称之为常量元素。每日需要量数毫克的，称之为微量元素，人体必需的微量元素有14种，包括铁、锌、碘、硒、氟、铜、钼、锰、铬、镍、钒、锡、硅、钴。无机盐总量占人体重量的4%左右，是人体重要的组成部分，虽然需要量不象蛋白质、脂肪、糖类那样多，但却是维持人体正常生理功能所不能缺少的。由于机体每天都有一定量的无机盐丢失，所以人类必须从食物中获得足量的各种无机盐，才能维持良好的健康状况。

(1)钾：体内的钾70%存在于肌肉，10%在皮肤，其余的在红细胞、骨髓和内脏中，骨骼中较少。含钾多的食物为水果、蔬菜和鲜肉类。

钾的生理功能如下：

①维持心肌的功能。钾和钙、镁协同作用维持心脏的正常功能，维持心肌的自律性、传导性和兴奋性。

②参与新陈代谢。如葡萄糖转化成糖原、氨基酸合成肌蛋白、血糖的调节、热能的合成与释放等，均需钾的参与。

③维持渗透压。细胞内的钾和细胞外的钠相互作用，互相制约，维持细胞内外钾、钠离子的动态平衡，维持渗透压。

④维持神经肌肉的正常功能。钾能激活肌肉纤维收缩，维持神经肌肉的正常生理功能。

⑤降低血压。钾可保持体内适当的碱性，有助于维持酸碱平衡。钾通过利尿、扩张血管等改善水、钠潴留，使血压下降，故能对抗高钠引起的高血压。

(2)钙：钙是人体内含量最多的无机盐。一般情况下，成人体内含钙总量为 1 000 克～1 200 克，占体重的 1.5%～2.0%，这些钙的绝大多数(约 99%)存在于骨骼和牙齿中，另外 1%左右以游离形式存在于血液、细胞外液和软组织中。骨骼是机体一个巨大的钙库，其中的钙和循环钙不断地进行交换，以保持体内钙的稳定。食物中钙的含量很不一致，绝大多数食物中都含有不同数量的钙。奶及奶制品含钙量较高而且有较好的吸收率，豆类和豆制品及小鱼虾类都有较丰富的钙质。

钙的生理功能如下：

①构成骨骼和牙齿的成分。钙缺乏时，骨和牙齿形成不良。在成年之前，人体骨骼内钙的沉淀与溶解一直在不断地进行着，18 岁以后，骨的长度开始稳定，但骨的密度仍在增加，所以缺钙可使骨骼和牙齿发育不良，儿童易形成佝偻病，成年人则可形成骨质疏松症。

②维持肌肉和神经的正常兴奋性。钙与钾、钠、镁等离子保持一定的比例，来控制肌肉等组织的兴奋性。当血钙减少时，神经肌肉兴奋性升高，可出现手足抽搐。

③参与凝血过程。钙有激活凝血酶原使之变成具有活性的凝血酶的作用。

④其他。钙与体内许多酶的活性有关，并在细胞膜上调节受体结合和离子通透性。

(3)铁：人体内铁的含量居微量元素之首，成人体内含铁总量为 4 克～5 克。功能性铁包括血红蛋白、肌红蛋白、运铁蛋白以及一些含铁酶类,大多数存在于血液中,主要功能是参与氧的运输。储存铁包括铁蛋白和含铁血黄素,存在于肝、脾、骨髓和血液中。铁广泛存在于各种食物中,肉类、禽蛋、蔬菜和谷类都是膳食铁的主要来源。食物中血红素铁的吸收率高,肉类、肝脏和鱼类中所含的铁40%左右属血红素铁。植物性食物中的铁绝大多数属于非血红素铁,其吸收率受多种因素的影响。膳食中还有一些成分,如维生素C等能增加铁的吸收。

铁的生理功能如下:

①参与氧的运输。铁是血红蛋白、肌红蛋白的重要成分,参与体内氧的运送过程,如果摄取铁不足或吸收不好,将引起缺铁性贫血。

②参与组织呼吸。含铁酶以铁作为辅基,在组织呼吸过程中借助铁离子数的变化传递电子,促进生物氧化。

③参与细胞免疫。缺铁使淋巴细胞数目减少,血清总补体活性降低,吞噬细胞功能下降,中性白细胞的杀菌能力下降,特别容易感染。

(4)锌:成年人体内含锌总量为1.5克~2.5克,其中约50%存在于肌肉中,20%存在于骨骼内,皮肤、头发和指甲中含有20%左右,其余的锌存在于肝、肾、脑、肺及心脏等组织中。存在于肌肉、骨骼和皮肤等组织中的锌,在正常生理状态下不易进入代谢过程,所以体内可供利用的锌库很小,这是人体容易发生锌缺乏的重要原因之一。锌的来源非常丰富,但锌在不同食物中的含量差别很大,生物利用率也不相同。动物性食物中一般含锌量高于植物性食物,人体对其中的锌也有较好的吸收率。植物性食物中坚果和豆类锌含量虽然较高,但其中常含有较多的植酸,妨碍人体对锌的吸收。全谷类食物中也含有较丰富的锌，但其大部分位于胚芽和麦麸中，在粮食加工时常常损失。

锌的生理功能如下：

①锌是体内多种酶的组成成分，在蛋白质、脂肪和糖类的代谢过程中起重要作用。

②锌是调节基因的必需成分，缺乏时造成蛋白质和核酸合成发生障碍，导致生长发育迟缓。

③唾液蛋白中含有锌，对味觉和食欲起促进作用。

④锌参与维生素A和视黄醇结合蛋白的合成，可保护视力。

⑤锌参与机体的免疫过程，体内缺锌时，免疫力下降，容易受到细菌感染。

⑥锌促进性器官的正常发育和维持正常性功能。缺锌使性成熟延迟，性器官发育不全，性功能降低，精子减少，第二性征发育不全。

⑦锌可保护皮肤健康，缺锌时皮肤粗糙，肝脏、皮肤创伤愈合变慢，对感染的易感性增大。

(5)碘：成人体内含碘总量为20毫克～50毫克，其中约有20%存在于甲状腺。碘是甲状腺素合成的重要原料，甲状腺素有促进蛋白质合成、调节人体物质代谢、加速机体生长发育、维持中枢神经系统的结构等作用。当碘摄入不足时，甲状腺素合成减少，体内的碘含量降低，反馈性地刺激甲状腺分泌，而引起甲状腺肿大。机体需要的碘可从饮水和食物中获得。海产品如海带、紫菜、发菜等富含碘，鱼肉、奶制品也有较高的含量。

(6)硒：以肝、肾、胰、心、脾、牙釉质和指甲含量较多。硒在人和动物体内起抗氧化作用，使细胞膜中的脂类免受过氧化作用的破坏，从而保护了细胞和细胞膜的正常生理功能。硒对维持心脏的功能有重要作用，在食物中含硒量高的地区，患心血管病者较少；含硒的谷胱甘肽过氧化物酶，可减轻视网膜上的抗氧化损伤，对视力有保护作用；硒对金属有很强的亲和力，对汞、镉、铝等有解毒作用。食物中的含硒量受其产地土壤中硒含量的影响很大，因而有很大的地区差异。一般来说，海产品、肾、肝、肉和整粒谷类都是硒的良好来源。

(7)氟：所有食物均含氟。氟主要存在于人体的骨骼和牙釉质中，对骨骼的形成和牙齿的健康有重要作用。适量的氟有利于钙和磷的利用及在骨骼中的沉积，加速骨骼的形成，促进生长，并使骨质坚硬。氟还是牙齿的重要成分，有防止龋齿的作用。饮水是氟的重要来源，饮水中含氟量因地区不同差异很大，高氟地区食物中含氟量一般高于低氟地区食物中的含氟量。氟摄入过少，可发生龋齿、骨质疏松等；摄入过多，可发生氟中毒。

6. 水　水是人体不可缺少的物质，其作用为构成全身的组织；调节体温，促进机体新陈代谢；作为多种物质吸收、排泄、运输的载体，协助维持体内的正常渗透压。水分供应不足会对机体产生不良影响。成年人每人每天共需2升～3升水。中学生活动量大，水分消耗多，所以应及时补充水分。

7. 膳食纤维　膳食纤维是重要的食物成分。人体内缺乏分解纤维素的酶，所以无法消化它。纤维素虽然不能被机体吸收，但它能刺激肠蠕动，对机体具有重要的生理功能。有不少学者称它为第七营养素。主要包括纤维素、半纤维素、木质素、果胶等，统称为食物纤维。食物纤维也属于糖类，它是一类不能被机体消化吸收的营养素。食物中的营养成分，经消化吸收后大多被身体利用，而食物纤维则基本上形成渣滓被排出体外。因此，历来人们重视食物中的营养素而忽略其中的纤维成分，膳食纤维一向被人们认为是没有营养的。纤维素和半纤维素属于不溶性食物纤维。它们都来自谷类、杂粮和豆类种子的外皮(如米糠、麦麸、干豆皮等)，以及蔬菜的茎、叶和果实。果胶和藻胶是可溶性的，大多存在于水果和海藻之中。

膳食中的食物纤维含量，因所食用的谷类、蔬菜等品种和加工方法不同而有所差异。常吃粗粮和豆类，吃进的膳食纤维就比吃细粮多；蔬菜中的鲜豆类、胡萝卜、芹菜等食物纤维含量就比西红柿、茄子、瓜类多；坚果、干果、果脯及鲜豆含量高。同一品种的蔬菜也有老嫩之分，部位不同食物纤维含量悬殊很大，如外层菜叶食物纤维含量比菜心高，水果外皮食物纤维含量比果肉多，除掉外皮则除掉了部分膳食纤维。日常生活中只要不过分精细，粗细杂粮搭配合理，多吃标准米、面，大量食用蔬菜(可能时吃些水果)，食物纤维的供给量是没有问题的。

膳食纤维的生理功能如下：

(1)解毒作用：纤维素可与金属结合，对抗化学药物及食物添加剂中的有害物质。

(2)刺激体液分泌：纤维素在口腔里，增加咀嚼，刺激唾液分泌并增加其中缓冲酸碱的能力，减少附在牙齿上的残渣，有利于防止牙周病和龋齿。另外，咀嚼时间延长，还可以增加胃液和胆汁的分泌。

(3)促进胃肠蠕动：膳食纤维有一定体积，可促进肠道蠕动，缩短食物残渣通过大肠的时间，增加粪便重量，减少粪便的硬度，有利通便，防止便秘。

(4)缓解疾病：高纤维膳食可缓解痔疮和肛裂患者的症状，有类似括约肌扩张的效能。

(5)预防结肠癌:膳食纤维可使排便加快，因而缩短了废物或有害物质在肠道的停留时间,而且粪便量增多,对有害物质起稀释作用,减少对肠壁的刺激，故有利于预防结肠癌。

(6)预防心血管病:膳食纤维能抑制机体对胆固醇的稀释和增加胆酸的排泄，从而可显著地降低血清胆固醇,因此可防止动脉粥样硬化的形成,预防心脑血管疾病。

(7)预防糖尿病:膳食纤维有降低血糖的作用,减少糖尿病患者对胰岛素和降糖药物的依赖作用。

(8)控制肥胖:膳食纤维可防止热能过量,控制肥胖。

二、中学生膳食调配

中学时期不但生长快,而且第二性征逐步出现,加之活动量大,学习负担重,其对热能和营养素的需求超过成年人。

因此,一定要按照中国营养学会提出的要求调配膳食:①多吃谷类,供给充足的热能。②保证鱼、肉、蛋、奶、豆类和蔬菜的摄入。③参与体力活动,避免盲目节食。

(一)合理配制食物

中学生要保证所摄入食物品种、数量、质量与其身体需求相平衡,即饮食中所含有的各种营养素种类齐全、比例合适、数量充足,能满足人体生理和健康的需要。

食物种类很多,但是没有任何一种食物能够满足人体所需的各种营养素,所以就必需利用各种食物,组成平衡饮食。各种食物根据其营养特点可分为5类:

第一类为谷类、薯类。包括米、面、杂粮与马铃薯(土豆)、甘薯(地瓜、白薯、红薯)、木薯等。这类食物主要提供糖类、蛋白质、纤维素和B族维生素。谷类淀粉是人体最理想和最经济的热能来源，谷类中含的脂类不高，其脂类多是不饱和脂肪酸。谷类中无机盐的含量以磷最多，钙的含量不高，铁的含量更少。谷类还是B族维生素的重要来源。薯类含有丰富的淀粉、膳食纤维以及多种维生素和无机盐，在我国某些地区的膳食中占有较大的比例，是热能的主要供给来源。我国中、小学生近来吃薯类较少，应当鼓励他们多吃些薯类。

谷类营养价值会受到加工和烹调的影响，在日常生活中应该加以注意，避免营养素不必要的浪费和损失。加工稻米、小麦时，不要碾磨得过于精细，否则谷粒表层所含的维生素、无机盐等营养素和膳食纤维大部分流失到糠麸之中。购买米、面时，不要一味选择精白米、精白面。在日常饮食中要注意粗、细粮搭配，经常吃一些粗粮、杂粮等。

第二类为动物性食物。包括肉类、禽类、蛋类、鱼类、乳类等。主要提供蛋白质、脂肪、无机盐、维生素A和B族维生素。肉类食物中的脂肪以饱和脂肪酸为主，钙含量较低，铁的存在形式主要是血红素铁，容易被人体吸收、利用。肉类所含维生素较少，但肝脏却是多种维生素的丰富来源，如维生素A、维生素B_{12}、叶酸等。随着经济的发展，生活水平的提高，部分大城市学生食用动物性食物过多，吃谷类和蔬菜不足，对健康不利。肥肉和荤油为高热能和高脂肪食物，摄入过多往往会引起肥胖，并且是某些慢性病的危险因素，不应多吃。鸡、鱼、兔、牛肉等动物性食物含蛋白质较高，脂肪较低，产生的热能远低于猪肉，应提倡吃这些食物，而适当减少猪肉的消费比例。鱼类的脂肪多由不饱和脂肪酸组成，有降低血脂和防止血栓形成的作用。鱼类中含的钙高于肉类，是钙的良好来源，虾皮中钙的含量也很高。另外，海产品中还含有丰富的碘。海产鱼类的肝脏中含有丰富的维生素 A 和维生素 D。

蛋类中含有丰富的蛋白质，全蛋蛋白质几乎能被人体完全吸收，是食物中最理想的优质蛋白质。蛋黄比蛋清含有较多的营养成分，钙、磷和铁等无机盐多集中在蛋黄中，还含有较多的维生素 A、维生素 D、维生素 B_1、维生素 B_2 和维生素 B_{12}，除此之外，蛋黄中还含有较高的胆固醇，胆固醇是合成雄性激素的重要原料，适量食用鸡蛋对中学男生的生长发育有特殊意义。

乳类中的蛋白质消化吸收率和利用率都高，是优质的蛋白质。乳类富含钙、磷、钾，其中钙的含量特别丰富，但铁的含量却很低。乳类含较多的维生素 A，但维生素 B_1 和维生素 C 的含量很少，维生素 D 的含量也不高。中学生处于生长发育的关键时期，人体的骨骼也是在这个时期发育成熟的，因此这个时期对钙的需要量明显增加，如果钙的摄入不足或缺乏，不仅会影响中学生骨骼和牙齿的正常发育，还会增加年老后发生骨质疏松症的危险性。奶和奶制品中含有丰富的钙，并且容易被人体所吸收、利用，是钙最好、最经济的来源。为了孩子的健康，要让他们养成喝奶的习惯，每天至少半斤奶。贫困地区乳类不足时，应保证每个学生每天喝一杯豆浆，也可在一定程度上起到补钙的作用。

第三类为大豆类及大豆制品。主要提供蛋白质、脂肪、无机盐和 B 族维生素。大豆类含有丰富的蛋白质，含量高达 35％～40％，大豆蛋白质是最好的植物性优质蛋白质，含有丰富的赖氨酸。大豆中也含有较高的脂肪，主要是不饱和脂肪酸。糖类含量较少。大豆中钙和维生素 B_1、维生素 B_2 的含量也较高。常吃的大豆制品有豆腐、豆浆和豆芽。

第四类为蔬菜、水果。主要提供无机盐、维生素 C、胡萝卜素和膳食纤维。蔬菜和水果中含有多种营养物质,蛋白质、脂肪的含量很低,含有一定量的糖类,而无机盐包括钙、钾、钠、镁。蔬菜、水果还可以增进食欲、促进消化,是膳食纤维的重要来源,对保护心血管健康、增强抗病能力、减少学生发生干眼病的危险及预防某些肿瘤等有十分重要的作用。对维持机体的酸碱平衡也很重要。

第五类为纯热能食物。包括动、植物油脂,各种食用糖和酒类,主要提供热能。植物油还可以提供维生素 E 和必需脂肪酸。

这 5 类食物均应合理搭配,注意各种食物的营养特点,如粗细粮搭配可使粮食中蛋白质互补,提高营养价值;荤素搭配也有利于蛋白质互补。而且食物的营养价值并不是总与价格平行的,有些便宜的食物营养价值是很高的,如胡萝卜、大豆等。

由于各种食物的营养成分与生理功能不尽相同,因此不能长期单吃一类或一种食物。在制作时最好把几种不同的含蛋白食物按比例混合在一起,取长补短,以提高蛋白质的利用率。

在烹调时要注意避免营养素的丢失,做米饭时尽量减少淘洗米的次数,不丢弃米汤;煮稀饭不加碱;做面食时尽量不用油炸,以免大量维生素被破坏;蔬菜尽可能新鲜,先洗后切,不挤菜汁,大火快炒等,这些都能减少营养素的损失。

还要注意饮食的季节性,通常夏季饮食宜清淡,适当配以酸辛味的调味品以增加食欲,如麻酱蒜泥拌黄瓜、糖拌番茄、葱花姜末粉皮、虾皮冬瓜汤、紫菜毛豆汤、雪菜肉丝汤、海带莲藕排骨汤等。同时,要注意饮食清洁卫生,防止食物中毒。冬季机体需要热能多,用荤菜或油脂较多的食物以补充热能,提高耐寒能力。同时，要注意补充富含维生素 A、维生素 B_2、维生素 C 的新鲜绿叶蔬菜、水果及奶、肝、蛋类食品。每餐都要吃饱，必要时补充某些维生素，有助于提高耐寒能力和预防维生素缺乏症。

色、香、味俱全的食品能刺激机体分泌消化液，增进食欲。每日每餐不断变换主副食品种、数量和烹调的方法，可使食物感官性状不断变化，对人体形成新的刺激，使大脑的饮食中枢处于兴奋状态，能促进食欲、帮助消化。

总之，要使饮食多样化，根据季节和食品供应情况进行主副食搭配，粗细粮搭配，荤素搭配，干稀搭配，多提供乳类和豆制品。含蛋白质和脂肪丰富的食物，如肉、鱼、蛋、豆制品等，应安排在早餐和午餐，晚餐配以蔬菜和谷类食物。

(二)合理安排三餐

1. 早餐　一顿营养丰富的早餐可以提供身体上午所需要的热能和营养素，吃好早餐对学生的身体健康和学习非常重要。首先，大脑工作的热能来自血糖，不吃早餐或早餐中的热能不足，血糖的浓度就低，大脑细胞得不到充足的血糖供应，就会降低学习效率，从而影响学习成绩。首先，不吃早餐和早餐质量不好的学生，上午第一二节课就会出现精力不集中、疲劳、思考问题不积极，第三四节课时上述现象更明显，因此会影响学习成绩。其次，经常不吃早餐或早餐质量不好会引起全天热能和营养素摄入不足，严重时导致营养缺乏症，如营养不良、缺铁性贫血等。再者，经常不吃早餐，影响消化系统的功能，容易诱发胃炎、胆结石等消化系统疾病。所以，经常不吃早餐不仅影响学习成绩，而且对健康会产生一系列的危害。

早餐不仅要热能充足，还要有足够的蛋白质。通常早餐除供给一定量的馒头、面包、蛋糕、包子等，最好能吃50克～100克的荤食，如1个鸡蛋、1杯牛奶或豆浆、肉松、素鸡、火腿、午餐肉等。要尽量做到色香、味美，以唤起孩子的食欲，逐步养成吃早餐的习惯。必须重视早餐，早睡早起，以便有足够时间准备和进餐。早餐热能分配以占全天热能的25%～30%为宜。

2. 午餐　午餐是一日膳食中最重要的一餐，它既要补充学生上午的热能消耗及各种营养素的丢失，还要为下午的学习和活动储备热能，更要满足学生生长发育的需要。质量好的午餐，对提高中学生身体素质有很大的作用。午餐的热能摄入量应占全天总热能摄入量的35%～45%，中学生午餐各类食物应包括：粮食类100克～200克；动物性食物50克～75克；牛奶100克～125克；大豆及其制品20克～30克；蔬菜200克；植物油5克～7克。此外，在配餐时，还应讲究质量，要少吃动物油，多吃植物油。应减少脂肪摄入量并增加饮食中的糖类含量，以预防肥胖症、糖尿病及心血管疾病的发生。目前这些病不仅发生于中老年人，青少年也可发生。据调查，由于各种原因，只靠家庭饮食，一般不易达到中学生生长发育所需要的热能和维生素供应标准。日本、美国多年来推行的学校午餐制的经验表明，发展中、小学校午餐制是解决中、小学生营养问题的重要措施。午餐品种有肉、水产品、蔬菜、水果、米饭、面包、牛奶等，每餐都保证有200克牛奶。推广学校营养午餐可以保证中学生均衡、全面的营养供给，改善他们的营养状况；纠正他们的不良习惯，培养良好的饮食和卫生习惯；培养学生的集体主义感，增强生活自理能力。我国的学校午餐起步晚，还没有形成像美国、日本等国家那样一套完整的生产、供应体系，但是在实行了学校午餐的部分地区，已收到了很好的效果。

3. 晚餐　晚餐的原则是“少而清淡”。从营养学的角度，晚餐不应吃得过饱，不应油腻，否则会影响睡眠。晚餐不宜吃得过晚，因为晚上吃的食物还没有来得及消化、吸收，便卧床休息，会对孩子夜间的睡眠不利，影响第二天上课时的精神状态。晚饭吃得过晚，还会影响第二天早餐的进食量，更重要的是，晚饭吃得过晚，可引起尿路结石。晚餐在三餐热能分配中约占 30％。

三餐对于正处在生长发育期的中学生来说是非常重要的。早餐不仅要吃，而且要吃好，应多吃含水分多的食物，如牛奶、豆浆或蔬菜、鲜果汁等。中学生正处于生长发育期，午餐应品种多、营养质量高、营养素均衡。晚餐不宜吃得太多。三餐的合理配比是中学生健康成长的前提。

（三）养成良好的饮食习惯

1. 不偏食、不挑食　偏食、挑食对中学生的生长和智力发育是十分不利的。自然界中的各种食物的营养成分与生理功能不尽相同，各类食物各有特点，任何一种食物不能代替其他食物，因此不能偏食一种食物。长期不吃肉食者，优质蛋白质摄入减少，偏食荤菜者又会导致热能过剩及维生素、无机盐缺乏，易发生动脉粥样硬化。洋快餐主要以高脂肪食物为主，而蔬菜等含膳食纤维的食物较少，不宜经常吃。

2. 不吃零食　平时爱吃零食的学生没有正常的饮食规律，消化系统没有建立定时进食的条件反射，使胃肠得不到充分休息，可引起食欲减退，影响正常进食。

3. 不过分节食　不少女学生过分追求体形美，节食减肥，控制正常三餐的进食量，久而久之，各种营养素摄入明显缺乏，机体的免疫功能、神经体液调节功能均受到影响。因为盲目节食而造成营养不足的女生还可出现闭经。

4. 不暴食　暴饮暴食，进食缺乏节制，不但可引起胃肠功能紊乱，还可诱发某些疾病，如急性胃扩张、胃下垂等。油腻食物则使胆汁和胰液大量分泌，有可能发生胆管疾病或胰腺炎。

5. 不快食　进餐时不细嚼慢咽，不仅加重胃的负担，容易发生胃炎、溃疡病等，还会导致食物消化吸收不全，从而造成各种营养素的丢失。

6. 不食烫食　吞食过热的饮食，不仅容易烫伤舌头、口腔粘膜和食管，对牙齿正常生长发育也会造成损害。食管受到热食物伤害，残留下的瘢痕和炎症会影响营养素的吸收，并可诱发食管癌。

7. 不食咸食　每天食盐摄入量超过正常限量时，会使血液循环量增加而造成心、肾负担加重，也是导致高血压病的原因之一。

（四）复习考试期间的饮食安排

在大脑高级神经系统紧张活动的条件下，糖类、脂类、维生素 A、B 族维生素和维生素 C 的代谢活动加强，但热能消耗不增加或稍微增加。因此，学生在复习考试期间的饮食，应增加蔬菜、水果、动物性食物和豆制品，减少纯糖和纯油脂性食物，摄入足够的蛋白质，主要是优质蛋白质、维生素和铁质。

一般提倡在考试期间选择牛奶、鱼类、蛋类、瘦肉、肝或大豆制品等富含蛋白质的食物，特别要保证绿叶蔬菜的供给，多吃水果。牛奶、奶制品和蔬菜中，钙和磷的含量丰富，而含磷食物对中枢神经系统有良好作用，最适合于紧张脑力活动的需要。神经生理学家认为，从事紧张脑力活动的人，应多吃鱼、肉食品，以及香蕉和其他新鲜水果，以保证脑力活动时获得特殊的营养。学生在学习紧张时，往往会出现食欲下降，尤其在炎热夏季气温很高，大量出汗，夜间休息不好，更容易出现吃不下饭的现象。此时，家长应选择富有营养、平时孩子又喜欢吃的食物，以增进食欲；并要注意食用清淡、不过分油腻且易消化的食物，多吃新鲜蔬菜及水果。同时，还应督促学生在备考和考试期间严格遵守作息制度，以保证充足睡眠，也有利于临场发挥。

三、中学生四季营养食谱举例

(一)春季食谱①

1. 早餐　面包(面粉 100 克)；牛奶 250 克；煮鸡蛋 1 个。

2. 午餐　蘑菇肉片(鲜蘑菇、猪肉各 50 克，植物油 5 克)；炒青菜(青菜 200 克，植物油 5 克)；米饭(大米 150 克)。

3. 晚餐　炒土豆(土豆 100 克，胡萝卜 50 克，豆腐干 20 克，植物油 5 克)；炒菠菜(菠菜 200 克 ，植物油 5 克)；面条(面粉 150 克)；水果(橘子 100 克)。

(二)春季食谱②

1. 早餐　馒头(面粉 125 克)；酥黄豆(25 克)；牛奶(250 克)。

2. 午餐　鲜鱿鱼炒芥菜(鲜鱿鱼 100 克，芥菜 50 克，植物油 5 克)；豆腐干炒菜心(菜心 150 克，豆腐干 25 克，植物油 5 克)；虾皮紫菜蛋花汤(干虾皮、干紫菜各 10 克，鸡蛋 50

克，香油适量）；米饭（大米150克）。

3. 晚餐　西红柿炒鸡蛋（西红柿75克，鸡蛋50克，植物油5克）；肉片炒芹菜（芹菜100克，猪瘦肉25克，植物油5克）；面条（面粉150克）；水果（香蕉150克）。

（三）夏季食谱①

1. 早餐　鸡蛋糕（面粉150克，鸡蛋50克，白糖25克）；牛奶250克。

2. 午餐　莴笋肉片（莴笋、猪肉各100克，黑木耳2克，植物油5克）；炒茼蒿（茼蒿菜200克，植物油5克）；馒头（面粉150克）；赤豆汤（赤小豆10克）。

3. 晚餐　葱油鲳鱼（鲳鱼150克，植物油5克）；炒青菜（青菜200克，植物油5克）；米饭（大米150克）；水果（番茄100克）。

（四）夏季食谱②

1. 早餐　糖三角（面粉125克，红糖15克）；牛奶（250克）；茶鸡蛋1个。

2. 午餐　木须肉（猪肉、鸡蛋各50克，木耳、黄花菜各15克，黄瓜片75克，植物油5克）；素什锦（芹菜100克，水发木耳、水发花生米各15克，水发腐竹25克，植物油5克）；金针菇海带汤（金针菇、水发海带各15克，虾皮5克）；馒头（面粉150克）。

3. 晚餐　肉片苦瓜（苦瓜100克，猪肉片、尖椒各25克，植物油5克）；拌黄瓜（黄瓜100克，香油适量）；米饭（大米150克）；水果（桃100克）。

(五)秋季食谱①

1. 早餐　鸡蛋薄饼(面粉150克,鸡蛋50克,植物油5克);牛奶250克。

2. 午餐　黄瓜肉片(黄瓜100克,猪瘦肉50克,香豆干25克,植物油5克);炒青菜(青菜200克,植物油5克);米饭(大米200克)。

3. 晚餐　炒三丁(猪瘦肉50克,青椒50克,蘑菇25克,植物油5克);毛豆冬瓜(冬瓜150克,毛豆25克,腌雪里蕻15克,植物油5克);馒头(面粉150克);水果(苹果100克)。

(六)秋季食谱②

1. 早餐　豆沙包(面粉100克,红豆沙30克,白糖10克);牛奶250克;煮鸡蛋1个。

2. 午餐　肉片焖扁豆(猪肉30克,扁豆50克,植物油适量);地三鲜(柿子椒、茄子各75克,土豆50克,植物油5克);榨菜肉丝汤(猪瘦肉丝、榨菜各15克,香油适量);米饭(大米150克)。

3. 晚餐　麻辣豆腐(豆腐80克,植物油5克,红辣椒、淀粉、葱、姜、盐各适量);海米菠菜(菠菜100克,虾米15克,植物油5克,味精、盐各适量);馒头(面粉125克);水果(柿子100克)。

(七)冬季食谱①

1. 早餐　虾肉馄饨(面粉150克,虾仁50克);牛奶250克。

2. 午餐　茄汁肉片(猪瘦肉 75 克,番茄酱、鸡蛋清各 25 克,植物油 10 克);炒青菜(青菜 150 克,植物油 5 克);米饭(大米 200 克)。

3. 晚餐　煎带鱼(带鱼 100 克,植物油 5 克);炒芹菜豆腐干(芹菜 100 克,豆腐干 50 克,植物油 5 克);面条(面粉 150 克);水果(香蕉 100 克)。

(八)冬季食谱②

1. 早餐　椒盐花卷(面粉 125 克);五香豆腐干 25 克;牛奶 250 克。

2. 午餐　肉片炒西葫芦(西葫芦 75 克,猪瘦肉 30 克,植物油 5 克);糖醋藕片(藕 50 克,植物油 5 克,白糖、醋各适量);油菜豆腐汤(豆腐 50 克,油菜 25 克,植物油适量);米饭(大米 150 克)。

3. 晚餐　宫爆鸡丁(鸡肉 50 克,黄瓜丁 50 克,花生仁 15 克,植物油适量);虾米豌豆苗(虾米 15 克,豌豆苗 100 克,植物油 5 克);馒头(面粉 150 克);水果(苹果 100 克)。

第三章　中学生良好的卫生习惯

一、科学刷牙

口腔是一个极为复杂的环境，生长着多种细菌。人健康的时侯，这些细菌互相拮抗，相安无事。然而，当人患病或长期用药时，口腔的一些细菌受抑制，另一些原先与之拮抗的细菌就可能繁殖、增多，引起疾病。所以，每天早晚刷牙，是中学生应该养成的良好卫生习惯，而刷牙也是保持口腔健康最有效的方法，尤其在睡前更是不可忽视或遗忘的。

与口腔卫生有关的疾病主要有龋齿、牙龈炎和牙周病。龋齿是中学生口腔的常见病、多发病。甜食中的糖分产生酸性物质腐蚀牙齿是导致龋齿的主要原因。一份甜食分多次去吃，比一次吃完的危害要大得多。因此，不要经常吃甜食，睡觉前一定不要吃点心和糖果。每次吃食物后要马上刷牙或漱口。

预防龋齿的发生，掌握正确的刷牙方法很重要。另外，使用含氟牙膏刷牙，对预防龋齿也有一定的作用。

（一）正确的刷牙方法

1. 生理刷牙法　将牙刷的刷毛与牙面接触，刷毛顶端指向牙冠方向，然后沿牙面向牙龈轻微拂刷，类似咀嚼纤维性食物对牙面的摩擦动作。这种方法能清洁牙面和刺激牙龈组织的血液循环，增进牙周组织健康。

2. 比斯刷牙法　刷洗牙的唇、舌面时，牙刷的刷毛与牙面呈 45 度角，刷毛头指向牙龈方向，使刷毛进入龈沟和邻间区、部分刷毛压于龈缘上，作前后向短距离来回颤动。这种方法由于清洁能力较强，克服了拉锯式的横刷法的缺点，而变为短横刷，能有效地除去牙颈部及龈沟内的菌斑，按摩牙龈，还可避免造成牙颈部楔状缺损及牙龈萎缩。

3. 垂直颤动法　可将牙刷的刷毛与牙的长轴平行，紧贴牙面，刷毛指向牙龈方向，尖端轻压在龈缘处，用柔和的拂刷动作旋转牙刷使刷毛与长轴成 45 度角，由牙龈刷向切端或咬合面。拂刷动作要慢一些，使刷毛尖通过牙龈与牙齿交界处时，能将污物除去。为适应牙列的形态，前牙舌侧应将牙刷垂直，将刷毛的尖端与舌面接触，从龈缘面向切端作弧形的移动，牙齿的咬合面则可将刷毛的尖端直接与之接触，作前后来回拉动。这是一种顺着牙间隙上下垂直颤动拂刷的比较符合口腔保健要求的刷牙方法，它既能达到去除污物及按摩牙龈的目的，又能避免损伤牙体和牙周组织，因而应该广泛推广。

4. 旋转式刷牙法　从牙龈往牙冠方向旋转刷。刷前牙唇面、后牙颊面和后牙舌腭面时，牙刷毛束的尖端朝向牙龈，即上牙朝上，下牙朝下。牙刷的刷毛与牙面呈 45 度角。第二步，将牙刷朝牙冠做小环形旋转运动。第三步，顺牙缝刷洗，即可将各个牙面刷干净。刷前牙舌腭面时，牙刷毛束尖直接放在牙齿的舌腭面，上牙向下拉，下牙向上提，刷后牙咬合面时将牙刷的刷毛放在咬合面上，前后来回刷。

(二)刷牙的时间和力度

每次刷牙时间 2 分钟，用力 150 克，刷牙时间长、力度大有害无益。有人为了把牙齿刷得更干净，有意延长刷牙时间，加大刷牙的力度，不仅对牙齿没有好处，反而会损伤牙齿，严重的还破坏了牙齿上的保护膜。科学的刷牙时间应该是2分钟，用力强度在150克左右，大约相当于一个橙子的重量，这是调查人员经过科学测试得出的结果。

在这项测试中，调查人员详细记录了刷牙前后的除垢情况，结果显示，牙齿的污垢会随着时间和力度的逐渐增加而减少。可是，当刷牙时间超过两分钟，力度超过150克之后，刷牙似乎就已经丧失了它应有的功效，污垢不再减少。因此，掌握科学的刷牙时间和力度是很重要的。

如果无法确定刷牙的正确方式，也不能敷衍了事，应主动向牙科医师咨询。对很多人来说，刷牙力度始终都是一个不好把握的问题，因为有的时候尽管使用力度不大，但由于刷牙面积小，结果单位面积的牙齿上承受的压力反而很大，这样牙齿就在不知不觉中受到了损害。

要养成早晚各刷牙1次的习惯。另外，在每次饭后，尤其是吃了甜食之后，也应漱漱口、刷刷牙，把食物的残屑漱洗掉。同时要改变一些坏习惯，像咬笔头、啃指甲、咬唇、咬舌、趴着睡觉、张口呼吸等，这些都会造成牙齿排列错乱，增加龋齿的发生。平时尽量不剔牙，非剔不可时，注意不要用坚硬的针剔，用牙签轻轻顺着牙缝剔除嵌塞食物。不要用牙咬铁丝、核桃、棍棒或饮料瓶盖等，千万不要把牙当老虎钳或瓶起子。

（三）牙膏的选择与牙刷的使用

1. 牙膏的选择　选购牙膏时，最好能针对自己的情况作选择，比如容易上火的人可选用有清热祛火功能的牙膏；有蛀牙者选择含氟、超氟配方；有过敏性牙齿者可选抗过敏牙膏。若您的情况较为特殊，则应请教牙科医师，然后选择你喜欢的香型并且观察牙膏膏体是否结实、洁白，有没有杂质。最后，尽量挑选品质有保证的知名品牌。牙膏的用量约占二分之一牙刷刷面的长度就足够了。

使用药物牙膏可以使一些牙病得到治疗。但是，若不对症选用药物牙膏，不仅不能达到预期的目的，而且还会有副作用。药物牙膏虽对一些口腔疾病有疗效，但并不能包治所有的口腔疾病。如果长期使用抗菌消炎类药物牙膏，会在杀灭细菌的同时，将口腔中的正常细菌也杀灭了，使口腔产生新的疾患；许多药物牙膏中含有生物碱和刺激性物质，长期使用会损害口腔粘膜，使口腔、牙龈、舌头、口唇、咽喉等处发炎；有些带有苦辣味的药物牙膏长期使用会使人胃肠不适；有些药物牙膏含有一定量的色素，长期使用可使牙齿失去光泽。因而要经常换用不同品牌的牙膏。

2. 牙刷的使用　牙刷头大小要适当，牙刷毛最好由优质的尼龙丝制作，可以防止细菌积存，同时要经过磨毛处理，避免参差不齐的刷毛对牙龈组织的损伤，牙刷柄的长短也要适当，便于握持。牙刷是直接接触到我们牙齿表面的工具，所以保持它的清洁对我们的健康是很重要的。正确使用牙刷的方法有：

(1)每次用完牙刷后要彻底洗涤，并将水分尽量甩去，将牙刷头朝上放在漱口杯里，放在通风有日光的地方，使它干燥而杀菌。通常一般人都是把牙刷放在浴室里，长期处于潮湿状态中，刷毛的间隙容易成为细菌和病毒居留及滋生的温床。因此，为了避免感染疾病或影响健康，最好还是改变一下家中牙刷放置的位置，保持它的通风干燥。

(2)如果条件许可，可同时购买 2～3 只牙刷轮换使用，使牙刷的干燥时间延长。这样做对患有牙龈炎和牙周炎的人来说尤其重要。另外,轮换使用也能保持牙刷刷毛的弹性。

(3)刷毛已散开或卷曲、失去弹性的旧牙刷,必须及时更换,否则对牙齿和牙龈不利。

(4)集体生活的学生,每周应将牙刷集中进行一次彻底的清洗消毒。

(5)牙刷不能合用,以防相互传染疾病。

(6)如果患过感冒,则在身体痊愈之后要将牙刷用消毒液浸泡消毒后再使用,或者是更换一只新牙刷再使用比较好。

另外,应该注意的是饭后最好不刷牙。不少人有饭后立即刷牙的习惯,口腔专家最新研究认为,饭后立即刷牙有害牙齿健康。在牙冠的表面有一层珐琅质,刚吃过饭后,尤其是食用了酸性食物后珐琅质会变松软,这个时候刷牙,势必造成珐琅质的流失。时间一长,牙齿的珐琅质逐渐减少,容易患牙本质过敏症,吃东西时牙齿就会出现酸、痛症状。因此,专家提醒,进食后最好先用清水漱口,待1～2个小时后再刷牙。

(四)牙齿健康十大要素

口腔健康标准是牙齿清洁、无龋洞、无疼痛感、牙龈颜色正常、无出血。要确保牙齿达到健康的目的,要按照以下十大要素去做。

1. 保护牙齿健康,最基本、最经济的方法是有效刷牙,以去除食物残渣和牙面菌斑,按摩牙龈。

2. 正确的刷牙方法是竖刷法或拂刷法。拂刷法是指牙刷与牙面呈45度角,小幅度水平颤动和旋转。

3. 每天刷2次牙,每个牙刷3个面,每次持续2分钟。

4. 选用磨毛保健牙刷和含氟化物的牙膏。

5. 牙刷保养做到每人1只，刷后用清水多冲洗几次，甩干水分。

6. 1个月换1次牙刷较好，最多不超过3个月。

7. 刷牙以温水为佳，水温以35℃～37℃为宜。

8. 牙刷刷不到处可合理使用牙线、牙签或间隙刷，以去除细菌和食物残渣。

9. 均衡地摄取食物，保护牙齿健康。

10. 提倡每半年定期进行1次口腔检查、洁治，做到没病防病，有病早治。

在日常生活中，同学们一定要爱护牙齿，时时注意口腔健康，才能拥有好的身体，轻松面对生活！

二、定期洗澡

（一）洗澡的清洁护肤作用

洗澡可去掉皮肤的污垢。皮肤是人体的一道天然屏障，它可以保护人体不受外来不利因素的侵袭，还有调节体温、感受刺激、排泄废物等作用。人体皮肤上有几百万个汗毛孔，一般每人每天约排汗1 000毫升。人体内的400多种代谢产物中，有150种可以随汗液排出。实际上，人体每时每刻都在出汗，只是有时因为出汗量少，我们感觉不到而已，称之为无感性出汗。而且人的皮脂腺每周约分泌出半液体状油脂200克，排汗能散热，分泌油脂能润泽并保护皮肤和毛发。但如果油渍和油垢积留过多，就会发出酸臭气味，还会堵塞皮肤上的汗腺孔和皮质腺孔，使汗液排出不畅，容易引起皮肤瘙痒，继而用手去抓挠而感染病菌，以至发生皮肤病。尤其在夏天，皮肤裸露极易变脏，如不注意卫生，灰尘污垢极易堵塞汗孔，影响汗液排泄，不仅容易引起炎症，而且导致汗管破裂，形成痱子。如细菌侵入发生感染，还会变成痱毒或疖、痈。

经常洗澡，保持皮肤清洁，能清除汗液，有效地调节体温；洗澡能使皮肤和肌肉加热，促进血液循环加快，清除乳酸等致疲劳物质；洗澡可使肌肉放松，减少肌肉僵硬和疼痛现象；洗澡还能清除皮肤分泌的过多油脂，以免堵塞毛孔或引起细菌感染。每洗一次澡，可以从皮肤上清除10亿多个细菌，所残留的少数细菌在干净皮肤上也多会很快死亡。所以应经常洗澡，去掉汗渍油脂，避免细菌繁殖，防止发生皮肤病。

(二)掌握正确的洗澡方法

中学生要洗温水澡，特别是女生最好用淋浴，水温在25℃～35℃比较合适，不要超过35℃。用温水洗澡，能去除汗渍油垢，使皮肤清洁，毛孔通畅。而且适宜的水温和冲洗时的水压以及擦搓时的机械按摩作用，加上水中某些矿物质和离子的特殊作用，使得神经系统兴奋性降低，皮肤血管扩张，从而促进血液循环和皮肤的排泄功能，改善皮肤肌肉组织的营养，降低肌肉张力，起到消除疲劳、改善睡眠的作用。

用40℃以上的热水洗澡，会加重心脏的负担，由于汗液大量排出，体内盐分损失较多，洗澡后往往易发生虚脱现象，甚至晕倒。所以，不要用过热的水洗澡。

洗澡应佐以浴液，因为浴液酸碱度适中，对皮肤刺激性小，且含有硼酸、煤酚皂等抑菌消炎物质；同时可使皮肤润滑细腻，弹性良好。洗澡时尽量少用碱性大的肥皂，以免改变皮肤上有杀菌作用的酸性环境，引起细菌繁殖。只要皮肤上没有太多的油脂，不宜更多更久地用毛巾在皮肤上一遍一遍地使劲搓洗。这样做会损伤皮肤，降低皮肤的抵抗力，给细菌入侵造成机会，引起一些皮肤病。况且皮肤表面的皮脂起着保护身体免遭病原微生物侵袭的作用，每次洗澡都把皮脂洗得干干净净，并没有多大好处。

在可能的体质条件下，可锻炼水温在 20℃以下的冷水洗浴，这对增强体质，特别是增强神经功能和防治疾病都有良好的作用。但洗冷水浴要慢慢练习，每次时间不宜过长，以防感冒。

（三）洗澡注意事项

饱餐后立即洗澡，浑身大汗后立即洗冷水浴，或洗澡后马上睡觉，都不符合人体生理卫生功能，应当避免。

1. 不良反应及处置　虽然洗澡是一件十分舒服的事，它可以消除疲劳，增进健康。但是，有的人在洗澡时常会出现心慌、头晕、四肢乏力等现象。严重时会跌倒在浴室，造成外伤。这种现象也叫晕塘，其晕塘者多有贫血症状，是洗澡时水蒸汽使皮肤毛细血管扩张，较多血液流到皮肤，影响全身血液循环引起的。也可因洗澡前数小时未进餐，致血糖过低引起。

出现不良反应处置如下：

(1)不必惊慌，只要立即离开浴室躺下，并喝一杯热水慢慢就会恢复正常。

(2)如果较重，也要放松休息，取平卧位，最好用身边可取到的书、衣服等把腿垫高。待稍微好一点后，应把窗户打开通风，用凉毛巾擦身体，从头面部擦到脚趾，然后穿上衣服，头向窗口，就会恢复。

2. 不良反应的预防

(1)为防止洗澡时出现不适，应缩短洗澡时间。另外，洗澡前喝一杯温热的糖水。

(2)平时注意锻炼身体,增强体质,稳定机体神经调节功能。

(3)为了预防洗澡时突然昏倒,浴室内要安装换气扇,以可保持室内空气新鲜。

(4)洗澡时禁止打闹,洗完之后立即离开浴室。

3. 中学生洗澡禁忌

(1)发热、呕吐、频繁腹泻时不能洗澡,因为洗澡后全身毛细血管扩张,易导致急性脑缺血、缺氧而发生虚脱或休克。

(2)发热经过治疗退热后不到48小时以上者,不宜洗澡。因为发热致身体抵抗力下降,洗澡很容易导致再次外感风寒而发热。

(3)若发生烧伤、烫伤、外伤,或有脓疱疮、荨麻疹、水痘、麻疹等不宜洗澡。因为身体的局部已经有不同程度的破损、炎症和水肿,洗澡会进一步损伤皮肤引起感染。

总之,勤洗澡可以增强皮肤乃至全身的抵抗力,有利于身体健康,中学生应养成勤洗澡的好习惯。

三、勤换内衣

(一)内衣与卫生

中学生喜动,经常出汗,汗液中除了水分外还有尿素、有机盐、无机盐和各种脂肪。当水分蒸发后,这些污垢就粘附在内衣上,容易造成细菌繁殖,引起人体发病。同时,肮脏的内衣还会阻碍汗液的排泄和蒸发,使人感到不舒服,因此内衣一定要勤换勤洗。

另外，中学时期正是青春发育期，女生乳房逐渐成熟和月经来潮，所以必须懂得乳房的保健和经期的卫生，应勤换内衣裤。

男生会阴的前部是外生殖器的所在部位，后部为肛门。在阴茎龟头和阴茎体相交处有上翻的包皮。由于平时阴茎皮肤皱缩，包皮内常可积存污物，阴囊皮肤表面有丰富的汗腺及皮脂腺，也不断分泌汗液。男生如果不注意会阴部卫生，不勤换内衣裤保持局部清洁，很容易引起阴茎和阴囊的炎症或湿疹。因此，男生应经常清洗会阴部，每周至少用温水清洗一二次，清洗时要注意先洗阴茎、阴囊，清除包皮内的污垢，然后再洗肛门，使会阴部保持清洁卫生。

(二)内衣选择要领

内衣紧贴皮肤，舒适与否非常重要。选择内衣应掌握以下几个要领：

1. 质地柔软　质地直接决定了内衣的触感，是选择时首先要考虑的因素。纯棉内衣以其良好的吸汗透气性，舒适的手感成为内衣质地的首选。

2. 做工精细　与外衣不同，内衣讲究做工不只是为了美观，更主要的是为了舒适。做工精细的内衣一般在裁剪设计上更符合人体特点。

3. 注重细节　内衣的颜色以浅色为宜，因为有些鲜艳的有色染料可能会刺激皮肤，引起过敏。一些过分白的内衣有可能含有荧光剂，也应慎选。粗糙的缝边易刺激皮肤，选购内衣时也应注意。

4. 洗了再穿　新买来的内衣应洗过再穿。因为在服装加工和染色过程中要同许多化学物质结合，如染料、防缩及防皱处理剂、柔软加工剂、荧光增白剂、卫生加工剂等,难免沾染上一些化学物质。这些化学物质可能对皮肤有刺激作用,引起过敏性皮炎、皮疹和皮肤刺激性变态反应,而且制作过程中有很多工序,难免沾染上一些细菌。因此,新内衣一定要洗过再穿。

(三)女生贴身内衣的选用及洗涤

1. 棉质衣料透气卫生　有些女孩有阴部瘙痒、阴道分泌物发臭、变色的困扰,这是小裤衩质料密不透气造成的问题。购买小裤衩以棉质衣料、宽松设计为好。

2. 洗衣服要清洗干净不残留洗衣剂　洗衣服特别是贴身内衣最好用手洗干净,或是单独清洗,尽量不要与裤子、袜子一起洗。很多女生为了把贴身衣物洗干净而用了太多洗涤剂,反而造成洗涤剂残留,引发皮肤过敏。

3. 勤晒太阳紫外线杀菌　很多女孩为了保持淑女形象,总是把小裤衩晾在阴暗地方。这样,辜负了大自然的好意,因为太阳光含有紫外线,能够杀菌消毒,保持小裤衩的卫生。如果还是不好意思让小裤衩晒太阳,就要用烘衣机把小裤衩彻底烘干。干净清爽的小裤衩穿起来才会舒适卫生。

四、女生经期卫生

月经是一种正常的生理现象,月经期间全身抵抗力降低,子宫内膜脱落形成创面,局部容易感染疾病,如不注意经期卫生,很容易引起生殖器发炎和月经病。女生应特别注意经期的卫生与保健。

（一）经期不要受寒，保持腹部温暖

因为寒冷刺激可使子宫和盆腔血管收缩，造成月经不调或闭经。因此，月经期间一定要避免用冷水洗头、洗脚以及洗冷水澡，更不能喝冷水、吃生冷食物。另外还要提醒同学们，经期最好不要去游泳，因为游泳容易接触到脏水，导致细菌感染引起妇科疾病。

（二）经期勿过度疲劳，更不要做剧烈运动

过度劳累或剧烈运动可引起盆腔充血，导致经血量过多而伤害身体。但也不是一点都不能活动，适量的劳动和锻炼可以促进血液循环，使经血保持通畅，减轻下腹坠胀和腰酸背痛的感觉。所以，活动量一定要适度。须强调，有些活动量较大的集体活动，如学校运动会等不必勉强参加，否则会造成不良后果。

（三）使用清洁的卫生巾和保持外阴清洁

卫生巾一定要选择消毒效果好、吸水性强、透气性好、正规厂家的产品，不洁净的卫生巾也会感染疾病。

经期一定要保持外阴清洁，勤用温开水冲洗。洗外阴一定要有专用的盆或淋浴冲洗，不能与洗脚盆混用，清洗外阴要从前往后清洗，一定要用温开水冲洗。勤换内衣、内裤，清洗后的内裤最好在阳光下晒干。

（四）经期要保持精神愉快和注意饮食

经期由于大脑兴奋性下降，容易出现烦躁、郁闷的心情，感情波动较大。为此，同学们一定要注意调整自己。比如，看

看电视、听听音乐、散散步，转移一下由于经期内分泌失调而引起的情绪波动。

少吃酸、辣、生冷等刺激性大的食物，最好不喝咖啡、可可和浓茶。副食应以清淡为主，多食水果和蔬菜，保证大便通畅，否则便秘时下腹用力过大会导致盆腔淤血，引起月经不畅。经期最好多食一些富含维生素C的蔬菜。

五、女生穿戴胸罩的学问

少女在乳房发育过程中要适时穿戴胸罩。因为乳房没有肌肉组织，只有腺体组织和脂肪，支撑它们的是结缔组织。这种结缔组织像一张绷紧的纤维网，起着支撑的作用。但纤维组织和肌肉组织不同，没有弹性。因此，女孩子乳房发育日臻成熟时，如不用胸罩支托乳房，会使乳腺负担不均匀，妨碍乳腺内正常的血液循环，造成部分血液淤滞，引起乳房疾病。剧烈运动时如不戴胸罩，容易使乳房受到创伤，而任何一种创伤都可能引起乳腺炎。

什么时候穿戴胸罩最合适呢？可用软尺测量乳房上底部经乳头到乳房下底部的距离，如果大于16厘米，就可以戴胸罩了。一般来说，女孩子到了十六七岁，乳房发育到一定程度时，就应当戴胸罩。但是，过早地穿戴胸罩，则会影响乳腺的正常发育和日后的功能。

穿戴胸罩也应讲究科学性，胸罩的选择一定要松紧适度，不可过松也不可过紧。如果你穿戴的胸罩过于松懈，就不会起支托作用，而导致乳房下垂。如果佩戴的胸罩过紧，尤其是有些人过分追求体形美，长期使用过紧的胸罩，导致乳房下方局部供血欠佳，纤维化形成横条状肥厚，而且乳房经常感到疼痛，这是一种发生于前侧胸壁上的良性表浅血栓性静脉炎，发病时如果高举上肢，疼痛就会明显加重，经放松胸罩和抗炎治疗可缓解病症或痊愈。

还有些女性胸罩像个紧背心，乳房被紧紧压迫在胸壁上，使乳房血液循环发生障碍，对乳房的发育极为不利。扁平的胸罩不能给乳头留有一个容身之地，造成乳头内陷，既影响日后哺乳，还特别容易发生乳腺导管炎，反复红肿、破溃，形成长久不愈的瘘管或窦道。另外，由于胸罩紧贴乳头，人在活动时，乳头不断摩擦胸罩内纤维，使这些纤维被搓成茧丝状，陆续从乳头孔进入乳腺，纤维钻进一定数量后，会使乳腺堵塞，易导致乳腺炎及日后乳汁排出不畅等疾病。同时，由于背部也被束缚较紧，导致背部肌肉的疲劳。

为此，胸罩的选择至关重要，既要感到舒适又无紧束感，同时还要根据身体胖瘦的变化，随时更换。质地要柔软，最好是纯棉质料，吸水性要好，勤洗勤换，晚上睡觉前一定要取下，并要持之以恒。

六、不随地吐痰

随地吐痰破坏公共卫生，散布传染病的病原体，危害他人健康。随地吐痰是不文明和不道德的行为，也是愚昧和落后的表现。

痰是呼吸道的垃圾，有呼吸道分泌的粘液，吸进肺里的灰尘、烟尘、细菌、病毒、真菌，呼吸道及肺组织的脱落细胞和坏死组织、血细胞、脓性分泌物等。这些垃圾大量积存在呼吸道里，必然会阻塞气道，影响呼吸，这样人们就会用咳嗽、打喷嚏等方式把它排出体外。这种咳出来的比较多的粘液就叫做痰。

在人体所有的分泌物中，痰所传播的疾病最多。痰中含有几百种细菌、病毒和真菌。据报道，在已知100多种病毒中，有50余种可在呼吸道里存活；鼻病毒几乎全部生活在呼吸道内；肺结核病90%以上由呼吸道传播，肺结核病人的一口痰，可检出5 000多个结核杆菌。结核菌在痰中有粘液包裹可存活6～8个月，在尘土飞扬的空气中可保持传染性8～10天，在玩具及生活用品上可存活数月。肺结核病患者通过咳嗽或呼吸活动往空气中排放结核菌，因此与未经治疗的活动性肺结核病患者同处一室最容易受感染。所以，不随地吐痰也是防止肺结核病传播的手段之一。痰吐在地上，病菌并没有死亡。各种病菌对外界环境都有一定的适应能力，它们一般可存活数小时，有的甚至几个月。阴暗潮湿的地方是病菌藏身、繁殖的好地方，病菌在这种地方存活时间更长。例如，空气飞沫中的结核杆菌在适当的温度和湿度下，可在室内存活数月，甚至数年。这些细菌可以通过很多途径传播给人。

吐在地面上的痰，干燥以后可随地面扬尘漂浮于空气中；人们在打扫环境卫生时，地面上或衣物上的病菌可随尘土飞扬在空气中，可被人吸入体内或随气流扩散至更广和更远的范围随风飘扬，健康人如果吸入这种带有病菌的空气，就容易感染一些呼吸系统疾病。悬浮于空气中的细菌，直径大于5微米、小于10微米的话，就可以进入上呼吸道、鼻腔、气管，破坏相关器官的功能；如果小于5微米，还能进入肺的深部，后果不堪设想。一旦人体抵抗力下降，呼吸系统发生传染病的机会就大大增加。再者，病人又可通过呼吸系统的分泌物再污染空气。这样，周而复始的感染进而传染，使得呼吸道传染病的流行性很强。例如，肺结核、非典型性肺炎就是通过这种途径传播的。如果手接触了带菌痰液的尘土，进食前未洗净手，也会被传染上疾病。苍蝇、蟑螂爬过痰液后，再爬到食物上，人吃了被污染的食物后也会被传染上疾病。

有的人把痰吐在地上用鞋踏擦，这并不能杀死病菌，反而会把病菌粘附在鞋底上传播到更多的地方，加速病菌的扩散。

因此，处理好痰至关重要。处理好痰的方法有：①把痰吐在痰盂内。②如在街上行走，一时有痰，可吐在手纸上（餐巾纸、废纸上），扔进垃圾箱内。③如果身上没有手纸，可吐在手帕上，回家洗净，再用消毒液浸泡一夜，次日清洗晾干。

此外，当病人说话、哭泣、咳嗽、打喷嚏时，大量含有病菌的飞沫随气流经口、鼻喷出体外。有人研究，一次喷嚏可喷出194 万个病菌，咳嗽可喷出 9 万多个病菌，若被周围密切接触者吸入就可能被传染。流感、非典型肺炎、流脑、麻疹、风疹、腮腺炎、水痘和肺结核等是常见的经空气传播的疾病。

因此，去公共场所、乘公交车或出租车一定要戴好口罩；咳嗽、打喷嚏时要用手帕（手纸）掩住口鼻，并及时洗手。

有些人对吐痰还存在着一些误区。认为不该在公共场所随地吐痰，但背着别人或在人少的地方吐痰就没有什么害处。专家指出，痰液中的致病细菌主要通过空气传播，一口痰可令百米之外的人都会遭殃。因此，医师认为，吐痰最好用纸巾包好，再把它扔到垃圾桶里，这样疾病才不会被传播。

医师同时强调指出，有痰憋住不吐也会损害身体。痰在呼吸道内不及时排出，给细菌繁殖提供温床，导致呼气不顺畅及呼吸困难，可能发展成肺气肿；诱发咳嗽，反复咳嗽将使肺泡发生变化导致功能低下；痰还含有收缩支气管的物质，使支气管痉挛；有些病人的痰还具有抗原性，可引发过敏性哮喘。因此，医师指出，有痰还是要“一吐为快”，但注意不要随地乱吐。

随地吐痰不仅是不文明的举动，也是不卫生的行为。中学生要向随地吐痰等恶习开战。要自觉养成良好的卫生习惯，自觉遵守社会公共道德。

第四章　建立科学文明的生活方式

告别小学生活进入中学生活后，同学们会发现在周围环境、身体和心灵上，都在悄悄地发生着较大的变化。首先是大家的书包比以前更大更沉了，老师已不再反反复复地强调你们“懂什么”，而是更多地在告诉你们“为什么”。回到家里，尽管父母的唠叨依然频频，但话题却从“多喝水”、“书带全了没有”、“过马路看着车”，转为“累了吧”、“能不能听懂老师的课”、“不要过多地在衣着打扮上分心”等。假使你们比平时晚10分钟回家，非被父母问个“天翻地覆”不可。你们感知到的信息都在提醒着你们：你是一个中学生，身材长高了，一般成人的生理特征在你的身上先后发生着，生活中更多的“第一次”，无数个“怎么办”接踵而至。因此，建立一种科学、文明的生活方式，不仅是中学生们孜孜追求的，更重要的，它还是你们必须“从我做起”、“从现在做起”的客观现实。

中学生建立科学文明的生活方式应从以下几个问题入手：

一、不吸烟

吸烟有害健康，这是每一个人都懂的道理，眼下任何一个烟盒上都打有这样的“六字”广告。但道理照讲，广告照打，香烟照吸的现象随处可见。中学生吸烟者陷入了吸烟有害健康，可能导致肺癌等病症，但这件事不一定会发生在自己身上的误区。

下面还是让事实说话吧。据世界卫生组织的统计，在工业发达的国家，人的死亡有20%是间接或直接由吸烟造成的，因吸烟死亡的人比车祸死亡的人高出3倍之多。研究发现，40岁长年吸烟的人，其肺部如同80岁不吸烟者的一样。吸烟还能诱发各种疾病，从心肌梗死、肺癌、胃溃疡，到人的全身各个器官均可受害。香烟点燃后所形成的烟草雾气中含有更多刺激性及细胞毒性物质，数目竟达750种以上。

尼古丁是最厉害的植物毒物之一。急性尼古丁中毒死亡之快，与氰化物不相上下。因此，它是烟草致命毒物中的主犯。粘在皮肤表面的尼古丁可以渗透入体内。1滴纯尼古丁足足可以杀死3匹重达180～200千克的马。英国医师理查森报道，有一个长期吸烟的40岁健康男子，因从事一项十分重要的工作，一夜之间竟吸了14根雪茄和40根香烟，过后感觉十分难受，经医师抢救无效死亡。法国尼察的一个俱乐部曾举行过一次吸烟比赛，但优胜者并没有能够上台领奖，因为他连续吸了60支香烟，几小时后就死去了。其他参赛者也因生命垂危而被送往医院抢救。

对于一般吸烟者来说，危害的关键在于尼古丁的慢性中毒。即每日吸20支香烟，尼古丁含量几乎等于人致死量的20倍，其中有20%吸入人体，然后被机体解毒80%～90%，其余部分则被人体慢慢吸收。

烟焦油是一种致癌的树脂物质。每天吸20支香烟，相当于吸入500毫克浓缩焦油。一年就会吸食180克浓缩烟焦油。它常常沉积于人的肺中，导致肺癌发生。资料显示，约有80%的肺癌病人因吸烟引起。每天吸40支香烟的人，患肺癌的几率是不吸烟者的70倍。

据最新研究结果表明,香烟中含有69种致癌物质。所以,吸烟还可导致唇癌、舌癌、食管癌、支气管癌、喉癌、胰腺癌、肾癌、膀胱癌等。

吸烟可引起咽喉炎、气管炎、肺气肿、肺原性心脏病等。吸烟可诱发心绞痛和心肌梗死。吸烟还可引起恶心、呕吐、腹泻或便秘等消化功能失调。吸烟对神经系统产生持久的麻痹作用。长久吸烟打乱了大脑皮质兴奋和抑制过程的动态平衡,引起自主神经功能紊乱,导致神经过敏、记忆力衰退、注意力分散、精神恍惚、失眠多梦、反应迟钝等神经衰弱或神经中枢中毒症状。

常吸烟的人皮肤会变黑,面色晦暗,嘴角和面颊过早出现皱纹,使口腔存留臭味,牙齿发黄松动,牙龈出血,舌苔厚腻,喉咙疼痛,声音嘶哑,咳嗽不止,视力减退。

吸烟还严重危害他人健康。吸烟者造成家人、亲友,特别是儿童被动吸烟,严重影响被动吸烟者的健康。还能造成胎儿发育迟缓、早产,甚至死亡。更为严重的是,青少年吸烟对心理健康也有严重影响。资料显示,如果在中学时期吸烟,容易形成吸烟、饮酒嗜好,往往导致无心学习,意志消沉,容易走上邪路。绝大多数成人吸烟者的嗜好开始于青少年。

鉴于上述事实,国际健美联合会主席本·韦特给100多个国家体育部门领导人和国际奥委会领导人题为《吸烟的潜在危险》的报告中指出:“我们应像反对运动员滥用兴奋剂一样,坚定不移地反对吸烟。”他还在报告中提供了许多吸烟致癌,吸烟诱发心脏病和脑中风等资料,对促进戒烟,提高健康水平,增强体质起着积极作用。

世界卫生组织(WHO)定于每年五月三十一日为“世界无

烟日”。在这一天，世界一些国家既不准吸烟，也不准售烟，还要宣传戒烟。1990 年的世界无烟日，世界卫生组织提出“让孩子们在无吸烟的环境中成长”的口号，动员人们戒烟。

奉劝青少年、奉劝中学生——吸烟有害健康，千万不要吸烟！

二、不饮酒

酒在我国已有悠久的历史。考古学家曾在山东龙山原始部落遗址中就发现了高脚杯、小壶等一些酒具。说明我国人民早在 4 000～5 000 年前就已会酿酒。甲骨文中有表示不同品种酒的象形字，商代酿酒技术已比较发达。周代《礼记·月令》中还对酿酒技术作过比较详细的总结。

酒分白酒、黄酒、果酒、啤酒等种类。

酒的主要成分是酒精，化学学名为“乙醇”。白酒的乙醇含量为 40%～65%，黄酒为 16%～20%，一般果酒为 16%～48%，葡萄酒为 13%～18%，啤酒为 3%～5%。乙醇含量越高对人的健康危害越大。一次性大量饮酒可引起急性酒精中毒，长期饮酒可导致慢性酒精中毒。

一次性饮用 75～80 克乙醇就会引起急性中毒，饮酒后 5 分钟，血液中即可出现乙醇。当人体每 100 毫升血液中乙醇含量为 20～40 毫克时，人会有欣快感、话多、行动稍笨、手微震颤；含量为 240～400 毫克时，出现明显中毒现象；含量为 400～500 毫克时，可致深度麻痹而死亡。

长期饮酒从开始到出现中毒症状约 10 年左右。慢性中毒病人可表现为智力、注意力、记忆力明显下降，常有手颤、舌颤，甚至出现幻觉等精神反常现象。

饮酒可造成多种肝病。由于酒精在肝脏分解，长期饮酒会造成肝功能减退、脂肪肝、乙醇中毒性肝硬化。资料显示，肝硬化发生的几率饮酒者比不饮酒者高出 7 倍。

酒精的长期刺激可引起酒精性胃炎、胃溃疡、胰腺炎、咽峡炎、面部毛细血管扩张、末梢神经炎。慢性酒精中毒可使心脏发生脂肪变性，减低心肌的弹性和收缩力，影响心脏正常功能，导致血管硬化、脑血栓、心律失常等病症的发生。此外，痛风、糖尿病、高脂血症也多在饮酒者身上发生。饮酒可造成多种维生素缺乏和营养不良，机体抵抗力大大降低，使身体容易被细菌感染。

酗酒还可促使犯罪行为发生。由于酒精对神经中枢有抑制作用，一些饮酒过量的人容易激动，失去对自己行为的控制而引发犯罪。

一些劣质酒含有大量有害物质，直接损害人的身体健康。不符合国家卫生标准的劣质酒，大都含有一些诸如甲醇、杂醇、铅等对身体有害健康的物质。食用 4～10 克甲醇即可引起中毒，甚至失明。超过此量可导致中毒死亡。长期食用会在体内蓄积，造成严重中毒。

更有甚者，酗酒与吸烟一样，可形成嗜酒癖好，严重影响中学生心身健康发展。资料表明，青少年时期养成的酗酒嗜好到成人时往往很难戒断，甚至愈演愈烈，遗憾终身。

所以，作为中学生一定要选择一个健康的生活方式，绝不酗酒，尽量做到不饮酒，这将使你终身受益。

三、合理膳食与充足睡眠

(一)合理膳食

目前,中学生在膳食上存在着以下几个严重的问题:一是不吃早餐;二是吃饭不定时;三是偏食;四是看菜吃饭,摄入量不足。这些问题,严重影响着中学生的生长发育和身心健康。

中学生做到合理膳食应遵照专家的提醒:

1. 充分认识营养素在机体中的作用　食物营养素包括7大类,不同的营养素在人体内发挥着各种不同的生理作用,以维持人的生命和人体各种功能的正常。

2. 平衡膳食　每天的膳食应注意多样化,适当搭配食物品种和数量。例如,在每天的菜单中不妨做到蔬菜、豆类和荤菜调剂着吃。既然各种食物中所含的营养素各不相同,那么花色品种越多,就越能使我们获得各种营养素,以满足生长发育和保持健康的广泛需要。水果对于维生素的补充也有重要的意义。

3. 建立合理的膳食制度　合理的膳食制度可防止过饥或过饱,使肠胃保持正常功能,促进营养素的吸收利用。

(1)吃饭要定时:肠胃具有储存、机械性消化和化学性消化三种功能,食物需要在胃部停留一段时间才能被充分消化。所以,两餐之间相隔以4～5个小时为宜。科学家研究发现,一日两餐者,蛋白质消化率只有75%;一日三餐者,蛋白质消化率提高到85%。

(2)吃饭要定量:有些人没有定量进食的习惯,可口多吃,不可口少吃，以至饥饱不均。由于食物消化这个复杂的生化过程，要在胃肠中通过大量消化液的作用才能完成。胃液中主要含胃蛋白酶和盐酸，除促进蛋白质消化外，还有消毒杀菌作用。在小肠中含有大量的胰液、胆汁和小肠液。胰液中的蛋白酶、脂肪酶、核酸酶、蔗糖酶、乳糖酶等，可以促使蛋白质、脂肪和糖类的消化。胆汁中的胆盐和胆酸，可以乳化脂肪、促进脂肪吸收。小肠液中的肠激酶、肠肽酶、麦芽糖酶、乳糖酶等，能促进蛋白质和糖的消化。正常成人每日各种消化液分泌总量为 6 000～7 000 毫升，这些消化液是持续规律分泌产生的。所以，进食要定量。

(3)不暴饮暴食：有些人逢年过节喜欢聚众暴饮暴食，危害极大。暴饮暴食，会在短时间内使大量食物进入胃肠，使胃肠负担过重，造成消化不良。暴饮暴食，还可能使未经充分消化的食物在胃肠中停留时间长，在肠腔中细菌的作用下会发酵、腐败，产生毒素，刺激胃肠粘膜，毒害肝、肾等器官。暴饮暴食，又会使血液过多集中于肠胃，造成心脏等重要器官缺血，导致困倦，工作能力低下，冠心病患者则容易引起心绞痛发作。暴饮暴食，会使人未老先衰，折损寿命，诱发胆石症、胆囊炎、糖尿病等，对脑力劳动者危害更大。

4. 注意早餐质量　不吃早餐或早餐吃不好，不但会影响上午听课的效果，时间长了还会影响青春期发育。含蛋白质和脂肪多的食物，不仅营养价值高，而且在胃中停留的时间也长，比较耐饥饿。因此，早餐中应适当增加牛奶、豆浆、鸡蛋等食物。

5. 对女生温馨提示

(1)青春期的女生更应注意青春期营养：青春期的营养状况影响着少女的心身发育。热能来源于食物中摄取的糖类、蛋白质和脂肪，少女应以优质蛋白为主。还应注意维生素和无机盐的摄入，除动物食品外，还要多吃蔬菜和水果。初潮后少女容易患缺铁性贫血，应注意适当多食动物肝脏及其他富含铁质的食物，以满足身体对铁的需要。

(2)女生青春前期对饮食营养要求：青春前期宜选用促进红细胞生长，增强身体免疫力，打好强健身体基础的食物，如猪肝、红枣、蛋类、海带、豆类、糙米等。

(二)充足睡眠

与所有的动物一样，睡眠是人最基本的生理需求，人的一生有将近三分之一的时间用在睡眠上，可见睡眠对我们多么重要。正因如此，有人说睡眠是利用一天三分之一的时间修补心灵的活动。

人在进入睡眠时，全身肌肉都呈现放松状态，有些行为与生理状态会随之改变。睡眠时体温会下降，生长激素会上升，糖皮质激素等内分泌激素也会降低。一旦睡眠出现问题时，这些内分泌激素会产生改变，对身体带来某些不同程度的影响。同样，当体内内分泌激素发生改变时，也会对睡眠造成影响。一般在熟睡时会有血流缓慢、呼吸减缓、肌肉松弛、无意识身体转动等。

日出而作，日落而息。在固定的时间睡眠，在固定的时间醒来，这就是人类生理时钟的一部分。

对于中学生来说，保持规则睡眠，是维持生命、保持健康、提高学习效率的必要条件。

1. 睡眠的作用

(1)消除疲劳，恢复体力。

(2)保护大脑，恢复精力。睡眠不足，表现为烦躁、容易激动、精神萎靡、注意力涣散、记忆力减退等。睡眠充足则精力充沛，思维敏捷，学习效率高。

(3)增强机体免疫力。人体在正常情况下，能对侵入的各种抗原物质产生抗体，并通过免疫反应清除毒素，保护人体健康。睡眠能增强机体产生抗体的能力，从而增强机体的抵抗力。同时，睡眠还可以使各种组织器官自我康复加快。

(4)促进生长发育。

(5)有利于皮肤美容。

2. 保证睡眠时间　睡眠时间随着年龄的增长而变化。一般来说，年龄越小，睡眠时间越长。2 个月的婴儿需要睡 18～20 个小时；1 岁幼儿需要睡 15 个小时；8～12 岁儿童需要睡 10 个小时；12～18 岁的青少年需要睡 9 个小时；成年人一般每天需要 7～8 小时的睡眠，不宜少于 6 小时。由此可知，中学生每天应保证 9 个小时的睡眠。目前，许多中学要求学生晚上 10 点睡觉，次日 6 点起床，中午午休 1 个小时，是有科学根据的。

3. 养成良好的睡眠习惯　良好的睡眠，可使你第二天精力充沛。

(1)早睡早起。早晨醒来不恋床。

(2)卧室内光线要暗，温度、湿度要适宜。保持室内安静和空气流通。

(3)睡前不要与人说话，不喝刺激性饮料，避免情绪激动。

(4)睡前不要看刺激性强的影视节目及文学作品。

(5)睡前应用温水洗浴，尤其要用温水洗脚。

(6)采取正确的卧位，上床后一般取右侧卧位。不要思考费脑筋的事情。

(7)睡觉时不要蒙头。被褥厚薄要适宜。

(8)内衣不要太紧。内衣太紧会影响血液循环，不利睡眠。

四、保护视力与锻炼身体

(一)保护视力

1. 视力 视力又称视敏度，即识别两个发光点所需要的最小距离，表现为辨别注视目标的能力。视力愈好，两点所需要的最小距离也愈小。中心视力是指眼底黄斑中心的视力而言。平时升学、参军体检时所查的视力都是查中心视力。大视力表，检查距离为 5 米时，所查视力为远视力，正常视力在 1.0 以上。小视力表，距离为 30 厘米时，所查的视力为近视力，正常视力也在 1.0 以上。周围视力是指眼底视网膜黄斑以外的视力，即视野，俗称“余光”。正常人单眼视野上方为 60 度，内侧、下侧为 70 度，外侧为 90 度。人类两眼视野的内侧部分相互重叠，是构成立体视觉的重要因素，而独眼人则缺乏立体视觉。戴上眼镜的视力为矫正视力。无其他眼病但矫正视力达不到 1.0 者为弱视眼。弱视分为斜视性弱视、屈光不正性弱视、屈光参差性弱视、形觉剥夺性弱视及先天性弱视等。治疗弱视的关键是及早(6 岁前最好，10 岁后较困难)、坚持(持之以恒)和认真三个原则。

视力表是用来测定视力的图表，由多行大小视标排列组成。字母、数字、图形都可以作为视标，以缺口环和 E 字形视标为多用。世界各国目前常用的视力表有 snellen 视力表、国际标准视力表和对数视力表二种，后者为我国缪天荣教授所研制。

1975 年世界卫生组织规定：矫正视力在 0.05～0.3 以下

者，视野>10度但<15度的人称低视力者。

视力对于中学生来讲很重要。视力不好，将会严重影响学习和生活。视力不好，可表现为近视、远视、散光。调查发现，中学生中最突出的问题是近视。有45%～60%的中学生是近视眼患者，有的学校高达70%以上。

2. 近视的主要原因

(1)长时间近距离用眼：有些中学生看小说入迷，持续长达几个小时；有些中学生做作业中间不注意休息。这些长时间近距离用眼的情况，是造成视觉疲劳，产生近视的主要原因。

(2)读书写字时的姿势不端正：中学生在读书时，眼睛与书本的距离太近，造成眼睛调节过度紧张；有的中学生喜欢趴在桌子上，或歪着头看书、写字，两眼与书本的距离不等，也可造成近视；桌椅的高度不协调，促使中学生近距离读书，也是造成近视的一个原因。

(3)在光线过弱或过强的地方读书、写字：光线太弱，字迹看不清楚，迫使学生将书本拿到离眼睛更近的位置，使眼睛过度疲劳；在阳光直射下读书、写字，光线太强，造成眩目，损伤眼组织，影响视力。

(4)其他：乘车、走路、躺着看书，都可造成眼睛调节紧张，使视力下降。营养不良，体质弱也会使学生近视。

3. 视力的保护

(1)要端正读书、写字时的姿势。眼睛与书本之间的距离应保持在30厘米～35厘米。要根据自己的身高，调节桌椅的高度。

(2)光线适度。写字台应放置在采光较好的位置。白天，特别是中午光线太强时，应拉上窗帘后再读书、写字；晚间应在可调光的台灯下读书、写字。

(3)学习1个小时左右，应主动休息10分钟以上，可向远处眺望一会儿。

(4)养成良好的读书、写字习惯。不要在光线太弱或阳光直射下读书、写字，不要在乘车、走路时看书，不要趴在桌上、歪着头或躺在床上读书、写字。

(5)看电视时间不应超过1个小时。在重大节假日看电视时，每隔30～60分钟应休息一会儿。座位距离电视机要在2米以上。

(6)加强营养，增强体质。

(7)在课间休息时应做眼睛保健操。

(8)如果发生了近视，应及时到正规医院治疗。

(二)锻炼身体

1. 体育锻炼的作用　青少年时期，坚持科学地锻炼身体，不仅对于增强体质有重要作用，而且对一生的健康水平也影响深远。青少年的骨骼、肌肉处在迅速生长阶段，科学的体育锻炼能加速血液循环，增加对骨骼的血液供应，促使骨骼长得更长、更坚固。青春发育期心脏生长发育特别快，如果能注意科学锻炼身体，成年后心脏功能将会达到一个较高的水平。体育锻炼能促进对营养素的消化、吸收，为身体生长发育提供足够的原料，让身体在新陈代谢中得到更多氧气，使生长发育达到更高水平。中学生注意锻炼身体，无论对身体健康及智力发展都有重要影响。

运动心理学研究证明，有针对性地进行体育锻炼，对培养健全性格有特殊的功效。如有的同学觉得自己不大合群，不习惯与同伴交往，那就选择足球、篮球、排球以及接力跑、拔河等集体项目进行锻炼。坚持参加这些项目的锻炼，可帮助你逐步改变孤僻的习性，适应与同伴的交往。有的同学胆子小，做事怕风险，容易脸红，那就多参加游泳、溜冰、滑雪、拳击、摔跤、单双杠、跳马、跳箱、平衡木等活动。这些运动要求人不断克服害羞、怕摔跌等各种胆怯心理，以勇敢无畏的精神去越过障碍，战胜困难。经过一个时期的锻炼，你的胆子定然会变大，处事也会老练起来。有的同学办事犹豫不决、不够果断，那就多参加乒乓球、网球、羽毛球、拳击、跨栏、跳高、跳远、击剑等体育活动。长期进行这些项目的活动，能帮助你增强果断的个性。有的同学遇事容易急躁、冲动，那就应多参加下棋、打太极拳、慢跑、长距离步行及游泳、骑自行车、射击等运动。这些运动能调节神经活动，增强自我控制能力，稳定情绪，使急躁、冲动的弱点得到改进。有的同学做事总是担心完不成任务，那就得选择一些如跳绳、俯卧撑、广播操、跑步等项目进行锻炼。坚持锻炼一个时期后，信心就能逐步得到增强。有的同学遇到重要的事情容易紧张、失常，那你应多参加一些激烈的体育比赛，特别是足球、篮球、排球比赛。面对紧张激烈的比赛，只有冷静沉着才能取得胜利。经常在这种场合进行锻炼，遇事就不会过分紧张，更不会惊慌失措。有的同学有好逞强、易自负的问题，可选择难度较大、动作较复杂的技巧、跳水、体操、马拉松、艺术体操等项目进行锻炼，也可找一些水平超过自己的对手下棋、打乒乓球或羽毛球，还要不断提醒自己“山外有山”，万万不能自负和骄傲。

积极锻炼身体，是中学生们科学、文明生活中的重要组成部分。锻炼身体，可增强体力，提高速度，增长耐力、灵敏度和柔韧性，有助于身心健康。

2. 体育锻炼的目的

(1)提高力量素质：力量素质是我们进行各种活动的最基本素质。中学生时期，正是提高力量素质的最佳时期。因此，在这一时期，应多采用伸展肢体、弹跳以及中小体力负荷量的锻炼。到16～17岁时，体力负荷量可加大到与成年人相当的程度，进行中等程度的负荷锻炼。

特别提醒，在青春发育后期，男女性别差异明显。女生肌肉力量小，因此应当注意体育锻炼的负荷量不能过大，并且要注意发展肩部、背部、腹部肌肉以及骨盆韧带肌肉的力量。

(2)提高速度素质：速度素质是指在最短时间内完成一定活动的能力。它又包括反应速度、动作速度、位移速度三个方面。中学生时期，大脑皮质兴奋性和神经过程的灵活性高，反应快，是提高速度素质的良好时期。因此，在13岁以前应多参加乒乓球、游泳、短跑等动作频度高、反应速度快的体育锻炼。在13～14岁以后，可适当安排长跑、游泳和排球、篮球、足球等活动以提高速度素质。特别提醒，中学生阶段体内血红蛋白相对成年人来说还比较低，心肺功能较弱，不宜进行长时间的紧张锻炼。

(3)提高耐力素质：耐力素质是指人体长时间进行中等强度肌肉活动的能力。在很多体育锻炼项目中，如长跑、游泳、自行车、篮球、足球等，都需要耐力素质作为基础。耐力素质的自然增长过程比较长。女生到20岁左右才达到高峰，男生就更晚一些。坚持锻炼，在20岁以后仍可提高耐力素质。特别提醒，由于中学生阶段呼吸系统、循环系统的功能尚未发育成熟，不宜进行大运动量的体育锻炼。

(4)提高灵敏度和柔韧性：灵敏度是指在特定条件下完成规定的复杂动作的能力。这一素质在13～14岁发展最快，到15～16岁时达到高峰。柔韧性是指扩大关节运动幅度的能力。在中学生时期，我们的骨骼含有较多的有机化合物，可塑性大，关节韧带的柔韧性好，伸展度大。只要有效地加强体育锻炼，发展潜力很大。

3. 锻炼身体的原则

(1)全面发展原则：身体运动素质包括力量、速度、耐力、灵敏、柔韧等方面的素质，这几个方面都必须得到发展。如果片面强调发展某一素质，可能引起身体运动素质的失调，甚至造成身体某些部位的畸形。

(2)循序渐进原则：由于中学生时期正处于生长发育的重要时期，身体各个器官、系统的功能还不完善，不能承受大负荷的运动量，尤其不能一次性过多的加大运动负荷量。因此，只有按步骤有计划地增加运动量，才能正确提高运动能力，而不至于对身体产生不良影响。

(3)经常性原则：坚持经常进行体育锻炼，身体会保持在一个良好的状态，有利于学习、生活。如果不能经常坚持锻炼，就不能有效地提高自己的身体素质。

4. 体育锻炼前的准备活动　在进行体育锻练前做好充分的准备活动，对于体育锻练者来说是非常重要的。有不少人认为，体育锻练本身就是身体的运动，做不做准备活动意义不大；还有人觉得，准备活动还是应该做的，但是为什么做，怎样做却说不清楚。上述认识均导致了对体育锻炼前准备活动的重视不够，往往影响到体育锻炼的效果，甚至造成各种运动损伤的发生。

准备活动的主要作用是：

(1)提高肌肉温度，克服肌肉组织的粘滞性，预防运动损伤的发生：体育锻炼前进行一定强度的准备活动，可使肌肉的代谢过程加强，肌肉温度升高，这样既可以使肌肉的粘滞性下降(不发僵),还可以增加肌肉、韧带的伸展性和弹性,减少由于肌肉剧烈收缩造成的运动损伤。

(2)提高内脏器官的功能水平,适应身体运动的需要:内脏器官的功能特点是生理惰性较大,适当的准备活动可在一定程度上预先动员内脏器官的功能,使正式锻炼一开始内脏器官的功能就达到较高水平,这样还可以减轻开始运动时由于内脏器官的不适应所造成的不舒服感觉。

(3)调节心理状态,提高神经系统兴奋性:体育锻炼前的准备活动可将锻炼者的心理状态调整到体育锻炼的情景中来,同时接通各运动中枢间的神经联系,使大脑皮质处于最佳的兴奋状态,投身于体育锻炼之中,可达到事半功倍的效果。

中学生体育锻炼时只需进行一般性准备活动,主要是全身性热身练习,如跑步、踢腿、弯腰、活动脚踝及手腕等。

半小时的体育锻炼,其准备活动的时间一般为10分钟左右。气温较低时,准备活动的时间可适当长一些,量可稍大一些;气温较高时,时间可短一些,量可以小一些。

准备活动后接着进行锻炼即可,中间不必休息,否则会降低准备活动的效果。

5. 锻炼后的整理活动　剧烈运动后,自主神经系统由紧张状态恢复到安静状态需要一定的时间。因此,剧烈运动后不应立即停止活动,而应逐渐减少运动量,慢慢达到安静状态。例如,长跑后应利用慢跑、行走等逐渐减少运动量,直到身体逐渐适应安静状态。否则,易造成下肢淤血,大脑及其他部位缺血等现象,严重者可导致重力性休克。

6. 青春期中学女生体形锻炼　青春期少女身高基本定形,体重明显增加,骨盆发育日渐成熟,心血管和运动器官发育却较缓慢,表现为肩带窄、胸廓小、肺活量小、肌肉收缩力和耐久力差，出现躯干四肢与内脏器官发育不平衡现象。由于性激素反馈的影响，开始表现为腼腆，不好动，自尊心强，爱美，对形体变化非常敏感，迫切希望获得优美的体形。少女形体锻炼主要是胸部、腰背部、大腿和臀部的锻炼。下面是一些比较实用的形体美锻炼技巧。

女孩从十一二岁开始，乳头和乳房就明显高出胸部，到十五六岁乳房发育趋成熟，呈现出富于曲线的形体美。要维护并发展这种形体美，除了正确、及时使用胸罩外，特别重要的一条是坚持胸部锻炼，以发达胸肌。

(1)胸部锻炼

①双膝跪地，手臂伸直撑地。向下做屈臂动作，直到下颌和胸触地。屈臂时注意臀部不要后引。身体重心在手上，手臂支撑体重，静止片刻，使乳房充分下垂，然后再撑起。重复8～10次。

②仰卧地上，向上做挺胸动作，到极限时静止片刻。注意，挺胸时头和臀部不得离地。重复做8～10次。

③双膝跪地，上体直立，双手合掌置于胸前。两手用力互推，做对抗动作。注意，肘关节不得下垂，前臂成“一”字形，挺胸抬头，配合深呼吸。重复8～10次。

(2)腰背部及腿的锻炼：腰背部锻炼方法是仰卧起坐，做6～8次。做时注意挺胸直腰。

腿的曲线直接影响形体美，太粗太细皆不美观。腿过粗或过细，可用下述方法锻炼：背靠墙站直，双臂侧平举，掌心贴墙。然后，左腿前抬至齐腰高度，再尽量向右摆移，还原。重复6次。换右腿做相同动作，重复6次。注意，腿举摆时始终要伸直。

在坚持上述锻炼的同时，还应做些走、跑、跳、身体波浪运动和柔韧性锻炼，以全面锻炼身体，塑造健美的体形。

第五章 中学生意外伤害与急救

意外伤害造成的死亡，是中学生死亡的主要原因之一。所以，中学生应加强对意外伤害的预防，并学会与了解一些意外伤害的急救。

一、车 祸

随着社会的发展，汽车已成为不可缺少的重要交通工具，同时车祸所造成的人员伤亡和财产损失也在惊人地增加，已成为和平时期人类意外伤害的主要原因。

车祸对中学生的伤害事件时有发生，往往比儿童时期的伤害更为严重，轻者致残，严重的可夺去生命，不但给家长造成了很大的痛苦，而且给社会造成了很大的负担，所以在这方面的安全教育非常重要。出门时，一定要遵守红灯停、绿灯行的交通规则。穿越马路时一定要走斑马线，过马路前要左右看看，没有来车时才可过马路，养成遵守交通规则的好习惯，可以避免交通事故的发生。千万不要闯红灯，以免发生意外。

马路是个危险的地方，无论在任何一种情况下，不管是拣球或是和他人打招呼，都不可以随便穿越马路，更不可以和同学在马路上打打闹闹。骑自行车上学的学生，不要骑快车，不要抢道，要遵守交通规则，同学之间不要边骑车边打闹，上学提前几分钟出来，以防路上着急出交通事故。坐车时按规定系好安全带，当意识到或看到车祸即将发生的瞬间，要设法将身体牢牢地固定在座椅上，如双手紧抓扶手，用手、足使劲顶紧前排座椅，全身绷紧等预防措施。

因车祸等造成的伤害，往往起初看似轻微，不久即会加重，出现严重受伤表现和意识不清的情况，有的当时可毫无感觉，等到回家或过了一天之后才发生急剧变化，因此纵然是小的车祸，也一定要告诉家人或是周围的人，以观察病情变化。

遭遇车祸后伤者有4种情况：①意识正常，未发生任何情况，为最轻症。②车祸当时受伤者好像是正常的，经过一段时间后，出现意识模糊的情况，必须及时送医院，以免发生危险。③在车祸当时伤者就无意识，应立即施行急救措施，有可能挽救生命。④最危险的一种情况是受伤者开始神志清醒、有意识，尔后很快转入神志不清、意识丧失，应尽快送医院救治。

有些伤者在车祸发生后3～8小时出现变化，这种变化只要能及早做急救处理，通常是可以挽救生命的。

在车祸之后如有精神差、头痛、想吐、昏眩、胸腹疼痛、意识不清等其中任何一种症状者，都应该立刻送往医院。车祸后应安静观察8小时，以防发生意外。

二、骨折与脱位

1. 表现　四肢在受伤以后出现疼痛、肿胀、青紫、畸形、活动受限或在没有关节的部位出现了关节似的异常活动，在伤处摸到或听到断骨摩擦的感觉或声音等，都是骨折的表现。如果皮肤有裂口与骨的折断处相通，称为开放性骨折。多个部位的开放性骨折是严重危及伤者生命的损伤。

如果受伤后关节有畸形、疼痛、肿胀、活动障碍、关节窝空虚、肢体只能保持在一个特殊的位置，都是关节脱位的表现。如果伤者还出现了面色苍白、出冷汗、脉搏快、受伤处严重肿胀等，可能是骨折脱位合并休克的表现；如果同时出现伤处以下的脉搏消失、感觉减退，则可能合并血管、神经损伤。上肢骨折和脱位的特点是伤后肢体不能正常活动及持握东西；下肢骨折和脱位的特点则是不能正常活动以及站立和行走。

2. 急救处理

(1)不要活动受伤肢体。

(2)所有的检查和操作动作均应谨慎。

(3)对出现休克征象的伤者要首先处理休克。

(4)肢体无创口或肿胀不严重的不必解开衣裤；肿胀较重的或有裂口的应剪开、撕开衣袖或裤管、袜子。脱鞋子时，应尽量松开鞋带，固定踝部，将鞋慢慢脱掉。

(5)要避免过多地搬动受伤肢体而增加伤者痛苦。

(6)骨折畸形不严重的按原位固定，骨折畸形严重的用手牵拉伤肢远端以消除显著的畸形。

(7)用木板、夹板、书本、树枝等捆扎、固定伤肢。

(8)所有的骨折都应做相应的固定，夹板的长度要超过骨折部位上下各1～2个关节。

(9)如果找不到任何器材，也可将受伤的上肢悬挂在颈上并放置胸前，或将受伤的上臂绑在胸的侧方，可将受伤的下肢与健肢一并绑起来，达到伤肢固定的目的。

(10)骨折、脱位伤者有创口时应先用无菌、清洁的布类覆盖创口。露出皮肤外的骨折断端，切忌当场送入伤口之内。

(11)上肢骨折脱位时应用布巾将前臂悬挂。掌、指骨骨折要将受伤者的手半握拳(如捏持一个软的球状物)，再置放、固定在一块木板上。

(12)骨折、脱位的初步外固定,即使是最简单的也都是非常重要的,它对减轻伤者痛苦、减少出血、防止休克乃至挽救生命都是不可缺少的。

(13)没有休克表现和剧烈疼痛的上肢骨折,伤者在进行外固定后可以步行,其他情况都应抬送。

(14)抬运器材除担架外,门板、木板、竹板、睡椅都可使用。

(15)骨折、脱位伤者都应立即到医院急诊,有休克表现的更应迅速送诊。开放性骨折和脱位的伤员应在6小时内到医院处理伤口及进行抗破伤风感染的处理。已作现场复位的要及时向医师说明。

三、颅脑损伤

颅脑损伤是比较常见的一种外伤,占严重外伤的40%,死亡率比非颅脑损伤高。据报道,因外伤致死者的四分之一和因车祸死亡者的二分之一是由颅脑损伤引起的,抢救及时可明显减少死亡率和残疾率。

1. 头皮伤　由于头皮血管丰富及血管无弹性的特点,故损伤时往往出血多且时间长,若儿童发生头皮损伤可引起休克。

(1)为防止出血加重及异物进入脑内,不宜在现场清洗伤口。

(2)现场对伤口直接压迫可暂时制止出血,撕脱的头皮应与病人一起送往医院。

(3)若无颈部损伤,可抬高头部,减少出血。

(4)尽快将伤员转送医院。

2. 颅骨伤　头皮、颅骨和硬膜均破裂，或伤口漏出脑脊液，或脑组织暴露在伤口内，为开放性颅脑伤。若见刃物刺入颅内，不能在现场拔出。现场急救中如见脑组织暴露或明显凹陷骨折，救护人员宜在受伤者伤口边缘立即用血管钳钳夹大出血点，或压迫止血，同时用一只消毒碗反扣在伤口上，保护膨出的脑组织，然后再包扎固定，绝对不可直接包扎已暴露的脑组织。

3. 脑损伤

(1)脑震荡：指脑的功能性损伤，无脑组织器质性病变，表现为脑损伤之后有意识障碍和精神紊乱，或有短暂生命体征的异常，甚至出现深昏迷，一般能在短时间内好转。

(2)脑挫裂伤：表现为颅脑损伤后，长时间的意识障碍(严重精神错乱，持久遗忘，行为异常)，除严重脑肿胀和意识障碍以外，还可能伴有抽搐、呕吐和各种神经损害等症状(偏瘫、失语、强直、尿崩等)，应尽快转送医院，严重者则很快死亡。

(3)颅内出血

①急性硬膜外血肿。如脑组织无严重损伤，能及时手术清除血肿和止血，伤者可很快恢复正常。颅脑损伤后最初表现为意识变化(脑震荡)，接着为短暂神志恢复期(中间清醒期)。一般伤后 30 分钟到 18 小时(平均 6 小时)，出现颅内压增高、头痛、呕吐和神志改变、血压增高、心率缓慢和呼吸不规则，最后昏迷加深。头部外伤同侧瞳孔散大、固定和对光反应消失，对侧肢体瘫痪，病人很快出现呼吸停止和死亡。伤者主诉有头痛，应尽快送医院观察。

②急性硬膜下血肿。轻者仅出现头痛、呕吐、神志改变，并有嗜睡，记忆力丧失，浅昏迷到深昏迷等不同表现；意识障碍持续时间可从数天、数月到终身不醒；神经缺损，轻者无症

状，重者有失语、抽搐、瘫痪，死亡率高。

(4)脑内血肿：由外伤产生的单纯的脑内血肿少见，常伴有脑挫裂伤和硬膜下血肿，其症状与急性硬膜下血肿相似，一般需经头颅CT或手术明确诊断。本症死亡率及残疾率很高。

四、扭 伤

1. 原因及预防　扭伤是关节韧带或肌腱受强力压迫或碰撞的结果，也可以由于动作超过关节韧带的弹力限度所致的一时性损伤。这种损伤如果没有及时处理或处理不当，常常会变成慢性或留下不同程度的运动障碍，必须及时加以处理。

扭伤的典型症状是局部疼痛和压痛加剧，出血和肿胀，皮肤青紫，受伤关节运动障碍。

中学生扭伤多因打闹及上体育课而发生，所以中学生不要打闹，上体育课时一定要遵守纪律，听从体育老师的指导，按老师教授的动作要领去做，并应做好保护。

2. 急救处理

(1)避免关节活动。

(2)防止继续出血(皮下出血可形成血肿)，局部立即冷敷以止血，防止肿胀。

(3)局部包扎、固定。

(4)去医院诊治。

五、鼻 外 伤

中学生常因不慎跌跤、意外撞碰及斗殴时发生鼻损伤，一般以鼻软组织挫伤、裂伤、鼻骨骨折为多见。

1. 主要表现

(1)鼻骨骨折:鼻受伤后即刻出现鼻的畸形、鼻梁下陷或歪斜,骨折部位压痛明显,鼻出血或鼻塞。数小时后软组织肿胀、淤血,畸形反而不明显。

(2)鼻软组织挫伤、裂伤:因鼻粘膜破裂而出血,鼻部及其周围部位可出现疼痛、肿胀、青紫等。

2. 急救处理

(1)鼻软组织损伤的早期,一般在 24 小时以内采用湿毛巾冷敷或用毛巾包裹冰块冷敷,以防止出血及减少肿胀、疼痛。晚期采用局部热敷,以利于血液循环,促进淤血吸收。

(2)鼻软组织裂伤,应进行止血,暂用干净布条填塞鼻孔,抬头后仰,尽快到医院做进一步清创缝合、止血等处理。

(3)鼻骨骨折伤员,若有出血、疼痛,可先平卧,用干净布条填塞鼻孔,症状缓解后到专科医院进行复位治疗。若合并颅底骨折、脑脊液鼻漏时,伤者取半卧位,禁止鼻腔填塞及使用滴鼻药,严禁擤鼻。

六、溺　水

溺水常常发生在游泳或乘船时,或在水边玩耍时不慎掉入水中,也可因洪水时发生意外。中学生的天性是活泼好动,喜好外出游玩,在游泳时喜欢逞强,所以溺水的几率较高。中学生掌握一些防止溺水的知识非常重要。

1. 预防　首先,没有大人陪伴不要在河边玩耍,尤其不要打闹,以免掉入水中,发生溺水事件。中学生应该学会游泳,但是不要认为学会了游泳就不会发生溺水事件,大部分溺水的学生都是会游泳的,所以一定要做到不去不该去的地方游泳，象池塘、水库、江河等。

2. 紧急救护方法

(1)救护者若不识水性，也不会游泳，应立即大声呼叫周围的人一齐抢救；同时应寻找些木板或大件木制品、救生圈，丢在溺水者便于拿取的水中。如果救护者会游泳，应当义不容辞尽快下水进行抢救。下水前最好脱去衣裤、鞋。救人时不要正面接近溺水者，因此时溺水者求生心切或神志不清，必定会死死搂住救护者，其力超人，无法挣脱，反而有两人一起灭顶的危险，救护者只有从溺水者的背后靠拢，推动溺水者是最安全而有效的救护方法。

(2)将溺水者救上岸后，应立即清除其口、鼻腔内的水、泥及污物，用纱布(手帕)裹着手指将溺水者舌头拉出口外，解开衣扣、领口，以保持呼吸道通畅，然后抱起溺水者的腰腹部，使其背朝上、头下垂进行倒水。或者抱起溺水者双腿，将其腹部放在救护者肩上，快步奔跑使积水倒出。或急救者取半跪位，将溺水者的腹部放在救护者腿上，使其头部下垂，并用手平压背部进行倒水。

(3)呼吸停止者应立即进行人工呼吸，一般以口对口吹气为最佳。救护者位于溺水者一侧，托起溺水者下颌，捏住溺水者鼻孔，深吸一口气后，往溺水者嘴里缓缓吹气，待其胸廓稍有抬起时，放松其鼻孔，并用一手压其胸部以助呼气。反复并有节律地(每分钟吹 16～20 次)进行，直至呼吸恢复为止。

(4)心跳停止者应先进行胸外心脏按摩。让溺水者仰卧，背部垫一块硬板，头低稍后仰，救护者位于溺水者一侧，面对溺水者，右手掌平放在其胸骨下段，左手放在右手背上，借急救者身体重量缓缓用力，不能用力太猛，以防骨折，将胸骨压下 4 厘米左右，然后松手腕(手不离开胸骨)使胸骨复原，反复有节律地(每分钟60～80次)进行,直到心跳恢复为止。

七、外　伤

身体组织由于受到外力的作用所造成的破裂现象叫外伤。外伤既会导致身体的外部或内部出血,又有可能导致细菌侵入伤口而发生感染。中学生常见的外伤有以下几种:

1. 擦伤　擦伤是指机体表面与粗糙的物体相互摩擦而引起的皮肤表层损害。擦伤主要表现为表皮的剥脱,有小出血点和组织液渗出。如果伤口没有感染,就会逐渐结痂愈合。如果伤口感染,就会出现局部化脓并有分泌物渗出。因此,出现擦伤后要首先处理好伤口,以防感染。

由于擦伤的伤口常粘有尘埃、细菌,被污染和感染的机会很大,因而首先要把伤口清洗干净,再用碘酒、酒精擦拭消毒,盖以消毒敷料并进行包扎等。

2. 挫伤　挫伤是指人体某部位由于遭受钝性暴力或跌倒于硬物上,或被重物所压导致该处及其深部组织的闭合性损伤。挫伤没有皮肤破损,但可能有皮下出血。

单纯肌肉挫伤,轻者局部仅有疼痛和功能障碍;重者可因皮下出血形成血肿或淤斑,疼痛和功能障碍都较明显。

复合性挫伤是一种比较严重的挫伤,如头部挫伤,轻者可发生脑震荡,重者可有颅骨骨折或合并脑挫伤而危及生命;胸背部挫伤,可发生肋骨骨折或肺脏损害,形成气胸或血胸;腰腹部挫伤,可合并肾挫伤和肝、脾破裂而引起内出血和休克等。

单纯性挫伤局部冷敷后,外敷药物,包扎和抬高患肢。需注意受伤24小时以内挫伤部位只能冷敷,不可以热敷和揉搓。头部、躯干和睾丸等部位挫伤有休克症状出现者，应首先进行抗休克处理，保温、止血、止痛、抗休克处理后，马上送医院治疗。

3. 裂伤、刺伤和切割伤　裂伤指受钝物等强大外力作用和打击而引起的皮下组织撕裂。伤口边缘不齐，流血量较多，且伤及组织内层，容易受到污染。

刺伤指因尖锐器具如铁钉、钢针等刺穿皮肤及皮下组织而致的损伤。伤口通常小而深，流血量较少，增加了感染的危险性，特别是破伤风感染。由于伤口深，可能伤及内脏器官，引起内出血。

切割伤指因利器如刀片、破碎的玻璃切入皮肤而致的损伤。伤口边缘整齐，多呈直线，因而比较容易缝合。严重的切割伤可伤及肌肉、肌腱和神经，并引起大出血。

对于以上3种损伤，轻者清洗后用碘酒、酒精消毒，盖以消毒敷料并进行包扎；伤口较大、较深、污染较重者，要及时送医院，由医务人员进行清创处理，彻底止血，缝合伤口，并选用抗生素预防感染；伤口小而深且污染严重者，必须注射破伤风类毒素以预防破伤风感染。

八、烫　伤

日常生活中，皮肤烫伤屡见不鲜，尤其夏天，如热水瓶爆破或被打翻，冲开水时彼此相撞，孩子在厨房里玩耍导致沸水烫伤等。最厉害的是用高压锅烧煮米粥或绿豆汤时因气压阀失灵而造成严重的面部蒸汽烫伤。中学时期孩子好动，喜欢打闹，易造成烫伤，且孩子有时在厨房帮父母做饭，由于手脚不利索，烫伤的几率要高于成人。

万一发生烫伤，首先不要惊慌，也不要先急于脱掉贴身单薄的诸如汗衫、丝袜之类衣物，而应迅即用冷水冲洗。等冷却后才可小心地将贴身衣服脱去，以免撕破烫伤后形成的水疱。冷水冲洗的目的是止痛、减少渗出和肿胀，从而避免或减少水疱形成。冲洗时间约半小时以上，以停止冲洗时不感到疼痛为止。一般水温 20℃左右即可。切忌用冰水，以免冻伤。如果烫伤在手指，也可用冷水浸泡。面部等不能冲洗或浸泡的部位可用冷敷。冷水处理后把创面拭干，然后去医院治疗。如水疱已破则用消毒棉球拭干，以保持干燥，不能使渗出液积聚成块。烫伤后切忌用紫药水或红汞涂搽，以免影响观察伤后创面的变化。大面积或严重的烫伤经家庭一般紧急护理后应立即送医院治疗。

皮肤轻度烫伤要注意创面清洁和干燥，冷水冲洗后应避免再浸水。2～3 天后创面即可干燥，此时就不必涂药，10 天左右就可脱痂愈合。届时若不愈合，则应请医师看看是否因烫伤较深或有感染。烫伤后一般不用抗生素，如创面 1～2 天后红肿、疼痛加剧，则有感染之嫌，可在医师指导下进行抗感染治疗。

九、触　电

电击伤俗称触电，是由于电流通过人体所致的损伤。大多数是因人体直接接触家用电源所致，也有被数千伏以上的高压电或雷电击伤者。

接触 1 000 伏以上的高压电击伤者多出现呼吸停止，200 伏以下的低压电易引起心肌纤颤及心搏停止，220～1 000 伏的电压可致心脏和呼吸中枢同时麻痹。触电局部可有深度烧伤，呈焦黄色，与周围正常组织分界清楚，重者创面深及皮下组织、肌腱、肌肉、神经，甚至深达骨骼，呈炭化状态。

1. 预防　中学生预防触电是非常重要的。平时不要玩弄电器，尤其是不要用湿手触摸电源、电器等，有电线断落处不可靠近，外出时不要在高压线附近走，雷雨时避免在大树下躲雨。

2. 触电急救

(1)首先立即切断电源，或用不导电物体如干燥的木棍、竹棒或干布等物使伤者尽快脱离电源。急救者切勿直接接触电击伤者，防止自身触电而影响抢救工作的进行。

(2)当伤者脱离电源后，应立即检查伤者全身情况，特别是呼吸和心跳，发现呼吸、心跳停止时，应立即就地抢救。

(3)伤者神志清醒，有自主呼吸和心跳的应就地平卧，严密观察，暂时不要站立或走动，防止继发休克或心力衰竭。

(4)呼吸停止，心跳尚存在者，应将伤者就地平卧松解衣扣，通畅气道，立即进行口对口人工呼吸。

(5)心跳停止，呼吸尚存在者，应立即作胸外心脏按压。

(6)呼吸、心跳均停止者，则应在人工呼吸的同时施行胸外心脏按压，以建立呼吸和循环，恢复全身器官的氧供应。现场抢救最好能两人分别施行口对口人工呼吸及胸外心脏按压，以 1∶5 的比例进行，即人工呼吸 1 次，心脏按压 5 次。如现场抢救仅有 1 人，用 15∶2 的比例进行胸外心脏按压和人工呼吸，即先作胸外心脏按压 15 次，再口对口人工呼吸 2 次，如此交替进行，抢救一定要坚持到底。

(7)注意有无其他损伤。如触电后弹离电源或自高空跌下，常并发颅脑外伤、血气胸、内脏破裂、四肢和骨盆骨折等。如有外伤、烧伤均需同时处理。

(8)现场抢救中不要随意移动伤者，若确需移动时，抢救中断时间不应超过30秒。移动伤者或将其送医院，除应使伤者平躺在担架上并在背部垫以平硬阔木板外，应继续抢救，心跳、呼吸停止者要继续给予人工呼吸和胸外心脏按压，在医院医务人员未接替前救治不能中止。

十、中　暑

1. 病因　中暑是人在高温环境或受到烈日的暴晒后引起的。正常人的体温，无论是寒冬腊月还是盛夏酷暑，一般都保持在37℃左右，上下波动不超过0.5 ℃。这得归功于人体内的“体温调节中枢”调节有方，使产热和散热处于动态平衡。在炎热的夏季，由于环境温度过高，空气湿度又大，人体内多余的热能难以散发，导致体温调节中枢调控失灵，就会发生中暑。在烈日下长时间进行长途跋涉，或在闷热的公共场所内，或在密不透风的房间里，均容易发生中暑。

中学生喜好旅游，在外面长时间玩耍，不知道照顾自己，加之喝水少等易造成中暑。

2. 主要表现　如果在炎热的夏季，出现大量出汗、口渴、头昏、眼花、耳鸣、心慌、胸闷、乏力、体温略为升高时，表明已经先兆中暑了。如果体温升高到38.5℃以上，并有心跳加快、脉搏变弱及尿液减少等早期循环衰竭情况，那就是轻度中暑阶段。如有高热、躁动、说胡话、抽搐、昏迷、无尿及呼吸循环衰竭，那就是重度中暑阶段了。

3. 预防

(1)穿浅色衣服：夏季外出旅游时应穿白色、浅色的或素色衣服，不宜穿黑色的或蓝色的衣服，因为白色、浅色或素色衣服吸热慢、散热快、穿着凉爽，不易中暑；而黑色或蓝色的衣服吸热快、散热慢、穿着闷热，容易中暑。

(2)戴隔热草帽:编织草帽的原料多为空心的，里面储存有一定数量的空气，而空气是热的不良导体，另外草帽对阳光还有一定的遮挡作用。因此，夏季外出旅游最好戴一顶草帽。

(3)中午要休息:早晨空气新鲜，气候凉爽。因此，夏季外出旅游时，出发时间应该早些，到了中午应休息，下午三四点钟以后再进行旅游活动。这样不但旅游时有精神，不感觉累，而且也不易中暑。

(4)多喝盐开水:夏季高温，出汗过多，体内盐分减少，体内的渗透压就会失去平衡，从而出现中暑。而多喝些凉开水或盐茶水，可以补充体内失掉的盐分，从而防暑。喝盐水时，要少量多次喝，才能起到预防中暑的作用。

(5)带防暑药物:在旅游途中，容易遇到多变的气候，忽冷忽热的气温易感冒，又闷又热的天气最易中暑。因此，夏季外出旅游时应带些防暑药物，如人丹、清凉油、万金油、风油精、十滴水、薄荷锭、藿香正气水等。

4. 急救　一旦发生中暑，应将病人抬到荫凉通风处躺下休息，然后给病人解开衣扣，用冷水毛巾敷在病人的头部和颈部，并让病人饮用清凉饮料，如冰镇汽水、绿豆汤等，或让病人服些人丹、十滴水等。如果病人昏倒，可用手指掐压病人的人中穴或针刺双手十指指尖的十宣穴。当病人好转再送往附近医院治疗。

对重度中暑的急救通常由医师来进行，但在医师未到或去医院之前，应迅速为其进行物理降温，方法是将中暑者置于室内常温下，用湿冷毛布或冰袋(无冰块时可将冰棍装于塑料袋中替用)置于头部、腋下和两大腿根部(即腹股沟)等大血管处(用手按触明显搏动处即是),并以冷水或50%的酒精擦拭四肢或全身皮肤,直至皮肤发红,同时可用电扇吹风散热。

十一、毒蛇咬伤

蛇分毒蛇和无毒蛇。无毒蛇咬人后留下的牙痕比较细小,排成八字形的两排;毒蛇咬伤后留下两个大而深的牙痕。被无毒蛇咬伤,涂些红药水或碘酒即可,不必作特殊处理。若是被毒蛇咬伤,或不能立即并十分肯定地确认是不是毒蛇咬伤时,应按毒蛇咬伤迅速处理。

1. 主要表现　毒蛇咬伤多发生于湿热地区的农村和山区。不同毒蛇咬伤可出现不同的症状。神经毒类毒蛇咬伤后,局部症状较轻微,表现为头晕、张口不利、吞咽困难,甚至呼吸、心跳停止。血液毒类毒蛇咬伤后,局部出现红、肿、热、痛,并很快向肢体近心端扩展,重者全身出血,甚至出现休克、急性肾功能衰竭、心力衰竭等,早期治疗者死亡率低。混合毒类毒蛇咬伤后,可同时出现神经症状和血液系统症状。

2. 急救处理　毒蛇咬伤后,首先要防止毒液扩散和吸收。

(1)在近心端用胶管或布条结扎,松紧度要合适,既能阻断淋巴、静脉的回流,又能在结扎远端摸到动脉搏动。每隔半小时放松1次,每次2分钟。一般在口服蛇药30分钟或静脉注射抗蛇毒血清10分钟后再将结扎的胶管或布条松开。

(2)用2%高锰酸钾溶液、双氧水或清水、肥皂水、盐水等冲洗伤口。

(3)用消毒过(如火烧、水煮)的小刀切开伤口,从近心端向伤口挤压,有利于蛇毒的排出。在野外也可用口吸出,边吸边吐,并用水漱口。有龋齿或口腔溃疡者不能用口吸。

(4)也可在局部敷蛇药或注射特效的解毒药。

(5)全身治疗可用抗蛇毒血清。

(6)急救处理后尽快把伤者送往医院治疗。

十二、毒虫蜇咬伤

中学生比较常见的毒虫蜇咬伤有蝎、毒蜂、蚁的蜇伤和蜈蚣的咬伤。

1. 蝎蜇伤　被蝎蜇伤后局部剧烈疼痛,有烧灼感、水肿,皮肤可出现变色和坏死。重者可发生肌肉痉挛、精神障碍、偏瘫或失明等。

急救处理如下:

(1)轻者涂稀氨水即可使疼痛缓解。

(2)重者可将伤口挑破,使毒血外流,也可用吸引器将毒血吸出,然后用高锰酸钾液冲洗。

(3)出现惊厥者可用镇静剂。

2. 蜈蚣咬伤　小蜈蚣蜇人时,局部出现红肿疼痛,1 小时后症状减轻。被大蜈蚣咬伤时,局部出现剧烈疼痛,局部组织可坏死。全身症状可出现头痛、发热、恶心、呕吐等。

急救处理如下:

(1)伤口可用肥皂水、氨水或碳酸氢钠溶液冲洗。

(2)疼痛剧烈者可用普鲁卡因作局部封闭,口服镇痛药。

(3)其他症状可对症处理。

3. 毒蜂蜇伤　蜂蜇人是靠尾刺把毒液导入人体内的。蜜蜂蜇人后把尾刺留在人的皮肤内,黄蜂和马蜂蜇人后都不留尾刺。

被毒蜂蜇后，局部出现红、肿、痛，甚至组织坏死。全身症状可出现荨麻疹、恶心、呕吐、发热、胸痛等。重者可出现呼吸困难、哮喘、肌肉抽痛，甚至出现脑水肿、肺水肿、过敏性休克、急性肾功能衰竭而死亡。

急救处理如下：

(1)被蜜蜂蜇伤后，应立即设法将断刺取出，然后用肥皂水、3％氨水或5％碳酸氢钠液冲洗伤口。

(2)全身症状重者可口服抗组胺药，也可吸氧、补液，应尽快送医院治疗。

4．蚁蜇伤　被蚁蜇后，局部出现小红丘疹，轻者可在几小时后自行消退。重者可变为小水疱、脓疱，数日后好转。全身症状可出现发热、荨麻疹、肢体肿胀、呼吸困难、休克等。

急救处理如下：

(1)如果有蜇针留在皮肤内，应尽快将蜇针取出。

(2)局部涂敷氨水。

(3)重者应及时送往医院抢救。

十三、猫狗抓咬伤

中学生如果被猫、狗抓伤或咬伤，需立即进行以下处置：

1．立即用洁净水清洗伤口，冲洗时间要超过5分钟。最好用流动水，但如果水源有限，可将受伤部位浸泡在经常更换的水中。这能确保从伤口完全冲洗掉猫或狗的唾液，以防止感染。

2．用干净的纱布直接压迫被咬伤或抓伤的伤口进行止血。将受伤部位抬高至心脏以上，这样会有助于止血。

3．用无菌纱布包扎伤口。

4. 尽快去医院就诊。

十四、食物中毒

中学生由于缺乏食品卫生知识，误食、误用有害不洁食物导致中毒事件时有发生。所以，了解一些如何进行有效预防和救治食物中毒的知识非常重要。

1. 预防

(1)做好厨房餐具的卫生消毒，妥善保管好食品，防止蝇虫叮爬。要将生、熟食品分开，不要吃腐败变质的食物。

(2)户外就餐应尽量选择卫生状况好的正规餐厅，街头巷尾小吃摊点不宜就餐。不要购买三无食品。注意健康合理的饮食方式，培养科学的饮食习惯。酷暑炎热也不可一味贪凉，饮食要有度。

(3) 细菌性食物中毒是食物中毒中最常见的一种类型，本病多发生于夏秋季节。

为预防细菌性食物中毒，首先不吃已变质的食品，如鱼、肉、蛋等，因加工、运送及储存保管不善，已变质腐败或熟食品存放太久都不能食用。其次，不吃没有煮熟、煮透，外熟里生的食品，如整只鸡、鸭、大块肉等。第三，不吃生食品，如生海蛎、活虾、生鸡蛋及未洗干净的凉拌菜等。

2. 主要表现　食物中毒常常在进食后半小时至 24 小时内发病，主要表现因导致其中毒的病菌种类不同而异，但有其共同而显著的症状，如腹痛、呕吐、腹泻等。

细菌性食物中毒多表现为急性胃肠炎症状，如恶心、呕吐、腹痛、腹泻、排水样便。腹泻一日几次到几十次不等，多数是稀水样，个别人大便中有脓血、粘液等。此外，还有神经系统症状，如头痛、怕冷、发热、乏力、瞳孔散大、视物模糊，吞咽、说话及呼吸困难。中毒严重者，可因腹泻造成脱水、休克、呼吸衰竭而危及生命。

3. 急救方法

(1)催吐。对进食后不久即中毒者，如未呕吐，则应该催吐。可用手指、筷子等物刺激咽后壁催吐，吐后可饮温开水再催吐，以此法达到洗胃的目的。

(2)中毒者如能饮水，应让其多喝些盐水、糖茶和食盐汽水，以补充由于吐、泻所丢失的水分和盐分。

(3)如发现中毒者有休克症状，如手足发凉、面色发青、血压下降等，应让患者平卧，双下肢尽量抬高，以增加重要脏器的血液循环量，并注意保暖，以降低机体耗氧量。

(4)中毒早期，如吐、泻严重，应禁食 8～12 小时，待病情好转后可吃易消化的半流质食品如面条、稀饭等，在病情好转后的 3～5 天内不吃油腻食物。

十五、有机磷农药中毒

有机磷农药至今仍在广泛应用。中学生有机磷农药中毒时有发生。

1. 主要表现　有机磷农药中毒病情进展很快，抢救不及时可致死亡。接触有机磷农药后，大多在半小时内，短的 5 分钟，长的 2 小时发病。潜伏期越短，病情越重。

(1)轻度中毒：有头晕、头痛、恶心、呕吐、出汗、视物模糊、无力等早期症状。

(2)中度中毒：除加重上述症状外，还有肌肉跳动、瞳孔缩小、胸闷或全身肌肉紧束感、多汗、流涎(口腔、鼻孔均见大量白色或淡红色泡沫样分泌物)、腹痛、腹泻、轻度呼吸困难,患者不能自己行动。

(3)重度中毒:除上述中毒症状外,并有心跳加快、血压升高、发绀、瞳孔缩小到针尖大、对光反射消失、呼吸极度困难、肺水肿、大小便失禁、惊厥、昏迷。最后可因呼吸中枢衰竭、呼吸肌麻痹或循环衰竭而死亡,肺水肿也是致死的主要原因。死亡多发生在中毒后 9 小时左右。

2. 急救处理

(1)应立即催吐。

(2)洗胃。洗胃后再服 10～20 克活性碳粉末(或用各种动物骨头烧焦或馒头烤焦,研末吞服)。

(3)在催吐、洗胃的同时,必须注射解毒药物,如阿托品和胆碱酯酶复活剂(解磷定、氯磷定、双复磷)。

(4)向急救中心呼救或送往医院抢救。

十六、一氧化碳中毒

由于冬天气候寒冷,人们习惯在屋内置煤炉生火取暖,以御寒冷。由于室内活动增多,加之门窗紧闭,空气流通不畅,常常可发生一氧化碳中毒。

1. 主要表现

(1)轻度中毒:患者仅有头晕、头痛、眼花、心慌、胸闷、腿软、耳鸣、恶心等症状。若及时将患者移出中毒环境,使之吸入新鲜空气,这些症状很快就会消失。

(2)中度中毒:除具有上述症状外,患者呼吸、脉搏增快,颜面潮红,四肢冰凉,嗜睡,全身无力。患者的口唇、胸部与四肢皮肤潮红,如樱桃红色,这是一氧化碳中毒后的典型体征。

若及时让患者吸入新鲜空气或吸氧后,患者可很快苏醒,一般不会留下后遗症。

(3)重度中毒:患者昏迷,呼吸困难,大小便失禁,全身软瘫,瞳孔散大,皮肤呈青紫色或灰白色。这是由于中毒时间过久,吸入一氧化碳量大,导致脑水肿、肺水肿、心肌损害而造成的。这时即使抢救成功,也会留下神经、精神障碍的后遗症。

中学生由于神经系统发育尚不完善,如果发生一氧化碳中毒可产生严重后果。

2. 急救处理

(1)立即把现场的门窗打开,迅速将患者移出现场,转移到空气新鲜之处,解开衣扣,但要注意保暖。有条件的可直接给患者吸氧。

(2)若患者的呼吸、心跳已停止,应立即进行人工呼吸和胸外心脏按压。要注意将患者的头偏向一侧,清除其口、鼻中的呕吐物及分泌物。

(3)若患者已昏迷,可立即针刺其人中、劳宫、涌泉、十宣等穴,以促使其苏醒。

(4)若患者能饮水,可给予热糖水或其他热饮料。

(5)中、重度患者经上述紧急处理后,应及时送往医院进一步抢救、治疗。

第六章　中学生心理卫生

一、中学生健康的标志

中学生对健康的认识往往是非常片面的，认为只要自己没有病、无残疾，就是健康。实际上一个人虽然身强体壮，但却心胸狭隘、胆小怕事，这不能叫健康。

世界卫生组织给健康的定义是：健康不仅仅是没有疾病或者不虚弱，而是身体及精神的健康，且社会适应能力良好。世界卫生组织规范的健康标准：①精力充沛，对担负日常生活和繁重工作不感到过分的疲劳与紧张。②乐观积极，乐于承担责任。③善于休息，睡眠好。④应变能力与适应环境能力强。⑤有一定抵抗力，能抵抗一般性疾病。⑥体重适当，身材匀称。⑦眼睛明亮，反应敏锐。⑧头发光泽，无头皮屑。⑨牙齿清洁、无龋齿、不疼痛，牙龈颜色正常，无出血现象。⑩肌肉丰满，皮肤富有弹性。

所以，健康应当包括以下三个方面的内容：

1. 生理健康　发育正常，躯体无病，生理不残，体质优良，身体健美，强壮结实。其中，体质包括人体形状、生理功能、运动素质、对外界环境的适应能力等。

2. 心理健康　是指一种持续的心理情况，即人要有良好的心理状态、正常的智力、能保持稳定的情绪和情感、有健全的意志、健康的性格及良好的人际关系。

3. 社会适应能力正常　是指一个人能否适应高速发展的社会给人们心理上带来的各种压力，是否会造成心理上的不平衡，有无集体主义精神，有无良好的人际交往能力。

上述三个部分缺一不可，互相渗透、互相补充、互相影响，生理健康是心理健康的前提，身体健康的人充满着青春活力，体质虚弱而疾病缠身的人常常心情不好，影响心理健康。反之，如果一个人情绪不乐观及个性有问题也可以引起躯体疾病。所以，人的生理与心理是一个统一体，身与心的健康是互相影响的。由于中学生的精神生活不断地丰富与提高，保持身心健康已经是所有中学生迫切需要解决的问题。

二、保持心理平衡

世界上的任何事物都在保持着平衡，中学生在心理上也要保持平衡。现实生活中并不是事事都如意，如果不能正确对待和处理，就会引起心理上的不平衡，并导致心身疾病或心理障碍。保持心理平衡应从以下几个方面做起：

1. 不苛求自己　每一个中学生都有自己的理想和抱负，但是这些理想及抱负应当切合实际。如果把自己的理想及抱负定得太高，超过自己的能力，当奋斗一番没有达到目标的时候，感到自己不得志，于是终日郁郁寡欢，认为自己不走运，这无疑是自寻烦恼。有些中学生追求十全十美，有时对自己的要求太苛刻，甚至达到吹毛求疵的地步，往往会因小小的瑕疵而自责，结果对自己永不满意。所以，为了维持自己的心理平衡，避免经常受挫折，应当把目标和要求定在自己能力允许的范围内，要懂得欣赏自己，这样心情自然就会舒畅。

2. 不要过高的要求他人　许多中学生不仅对自己苛求，

而且还苛求别人，如果对方处事方法、办事能力，甚至平时的一举一动达不到自己的要求就会大感失望，并常常因为对方的一点缺点，感到他们一无是处。每个人都有自己的愿望、优点、缺点、处事原则及处事方法，都希望自己有独立的个性，如果一味地要求别人迎合自己的要求，这是不切合实际的，对此应当加以纠正。为了保持自己心理平衡，应当对别人宽容。

3. 及时疏导不良情绪　现实生活中常常有一些不如意的事情，导致人们产生不良情绪，其中愤怒情绪是最常见的一种。当中学生处于勃然大怒时，往往会做出错事或者失态的事，而在气消后常常后悔莫及。为了维持自己的心理平衡，中学生在愤怒时应当通过正常的发泄途径，及时疏导不良的情绪，如可用打球、唱歌，来消除不良情绪，或者选用恰当的心理防御机制，用阿Q精神，抱着笑骂由人的态度，这样就可以把愤怒的情绪抛到九霄云外。

4. 偶尔也要屈服　中学生为了维持自己的心理平衡，凡事不要钻牛角尖，要往大处看，只要不是原则问题，可以暂时让步，无需过分坚持，否则会弄得两败俱伤，引起自己不必要的烦恼。

5. 暂时逃避　中学生为了维持自己的心理平衡，在学习和生活中如果遇到困难，引起自己烦恼时，应当采取灵活应对的措施。可以暂时逃避，即把烦恼放下，做自己喜欢做的事情，如运动、睡眠、看电视等，等到烦恼缓解消除后，心情平静了，再回过头来面对自己的难题。

6. 倾吐心声　在遇到困难、挫折、烦恼时，中学生为了维持自己的心理平衡，应当找自己信赖的同学、朋友、老师或者长辈，倾吐自己的心声，不要把各种烦恼及不良情绪埋在心底，这样只会令自己郁郁寡欢。如果倾吐心声后，即使没有解决你所面临的问题，但心情会霍然开朗。

7. 助人为乐　中学生为了保持心理平衡，应当助人为乐，在助人时千万不能有功利思想，不要图回报。如果帮助人之后还要图回报，一旦没有回报，就会非常失望。帮助别人不单单可以使自己忘却烦恼，还可以确立自己存在的价值，获得真正的友谊。

8. 减轻压力　中学生为了保持自己的心理平衡，做事情应当有条不紊。如果面临诸多急需解决的问题时，应当一件一件去做，完成一件再进行一件。如果同时进行，则给自己的压力太大，可使自己心身俱伤。

9. 减少竞争　许多心理不平衡的中学生，往往具有较强的自尊心，喜欢占上风，处处争强好胜，把谁都当作自己竞争的对象，所以经常使自己处于一种紧张状态中。其实，敌对情绪只会给自己造成心理上不平衡。

10. 待人友善　中学生为了保持自己的心理平衡，不应对别人有戒心，这样就不会处处排斥别人。应保持善意，多交朋友，不要树敌过多，这样才不会导致心理出现问题。

11. 学会娱乐　许多中学生不会娱乐，这就无法消除与日俱增的心理压力，至于参与什么娱乐并不重要，最重要的是使自己心情舒畅，以维持心理平衡。

三、培养良好的心理品质

中学生良好的心理品质包括对事物良好的认知力和感受力，处理问题稳重、理智，情绪稳定，性格乐观开朗、积极进取、勇敢、大度、豁达。

中学生有无良好的心理品质，决定其是否能够维护自己

的心理健康。所以,中学生要不间断地从以下几个方面进行培养及训练:

1. 树立理想,具有远大的抱负　中学生只有具有远大的理想及抱负,才会有精神支柱,就会追求一种高尚的精神生活,并不断地促使自己朝着既定的目标奋发进取。

2. 实事求是,勇于面对现实　中学生对于现实生活中出现的各种矛盾与纠纷要勇于正视,用积极的态度去面对,不退缩、不回避,坚持从客观实际出发,实事求是地解决纠纷及各种困难,这样可以不断提高自己抗挫折及适应环境的能力。

3. 谨慎从事,遇事三思而后行　中学生做事切忌莽撞,在行动之前要勤于思考,养成三思而后行的习惯,这样可以有效地防止行为上出偏差。

4. 确定目标,努力奋斗进取　中学生要认识到,在为目标奋斗的过程中,总会遇到各种各样的问题,有矛盾有艰辛,千万不能在奋斗过程中动摇、犹豫和徘徊。应当坚持到底,只要认准目标,不论多么艰难,都应当坚持到底,矢志不渝地干下去。这样,不仅仅可以提高自己的学习成绩,而且还可以培养自己坚强的意志,顽强的毅力,从而使自己具有良好的心理品质。

5. 克服缺点,与自己的弱点作斗争　每个中学生都有缺点及弱点,千万不能对其放任自流,要不断地克服自己不良的心理品质和习惯。姑息纵容不良的心理与习惯,是不能够培养自己良好的心理品质的。

6. 兴趣广泛,培养多种爱好　各种社会实践活动是培养一个人良好心理品质的好机会,所以中学生要想在各种社会实践中磨练自己,就应当有广泛的兴趣爱好,积极参加各种社会实践。这样,一方面可以开拓自己的视野,增长才干,陶冶性情，使自己的生活内容更加丰富和充实，学习上易取得优异成绩；另一方面，则可以培养自己良好的个性与情趣，适应社会环境及学习的要求。

7. 增加交往，热爱生活　中学生要加强各种社会交往，这有利于中学生向生活学习，提高各种生活兴趣，陶冶自身良好性情。中学生通过与社会广泛地接触，可以加强人与人之间的交往，及时交流思想，增进友谊，从社会生活及同学身上学习良好的心理品质，促进自己良好心理品质的形成。此外，中学生还要热爱生活，热爱生活就是一个良好的心理品质。一个对生活毫无兴趣的中学生是不能很好地感受生活、体味生活、领悟生活的。通过热爱生活，使自己受到良好的心理训练和精神陶冶。

四、顺利度过心理断乳期

心理断乳是相对于生理断乳而言的。生理上断乳，其意义是营养摄取不再依赖母亲，不再是食用单一纯净的母乳，这是孩子从食物上脱离了母亲，但儿童及中学生仍会经历较长时间的心理依赖期。随着中学生进入青春期后，由于身心发展、角色演变或环境的催化作用进入了第二次断乳，这次断乳并非是物质之乳，而是去除一种心理上对父母的依赖。心理上断乳期在11～15岁之间。处于青春期的中学生，精力充沛、求知欲望强烈、思维敏捷、记忆清晰，是人的个性和世界观形成的关键时期，也是中学生向成人过渡的时期。这时的中学生独立意识已经形成，想离开双亲求得个人的独立自主。也就是在这个时期，中学生从幼稚不成熟到成熟，从不定型到定型。中学生正处在青春期，学习的内容、方式、方法上都有了较大的变化，集体生活的变化，在家庭地位和社会地位上也发生了变化，这就导致了中学生心理上的变化。

中学生进入青春期后自我意识出现，对自己有了认识，虽然这种认识在幼儿期和儿童期就萌发了，但青春期由于客观的变化，自身的要求与儿童期也不相同，同时他们在社会上和家庭中所处的地位也使他们感到与儿童不一样了。另外，由于性的成熟，中学生的身高、体力及身体外形的变化，使其长得与成年人差不多一样魁梧了，甚至身高、体重超过了他们的父母，他们就认为自己不再是孩子了，已经长成一个大人了。如果父母还向对待孩子那样对待自己，他们就不情愿。他们希望父母像对待成人那样对待他们，此时他们最重要的心理变化就是认为自己是成人了，有着前所未有的远大的理想和抱负，对未来有了新的打算，并设想着自己的未来。这些变化会给中学生带来一系列的内心矛盾，主要有独立性和依赖性的矛盾，反抗与屈从的矛盾，理想与自我实现的矛盾。在青春期这种矛盾可以给中学生带来一些问题，如中学生独立意识强烈，他们自作主张，故意与成人提出相反的意见，在内心强烈地要表示出他们与过去不一样，表现出自己的独立性。对父母的管教会非常反感，采取置之不理或无所谓的态度，不愿意听从父母的安排等。尽管如此，与成人相比，他们的知识和经验都非常少，不懂的事毕竟很多，所以有时还要依赖和屈从于父母，以求得内心平衡。

中学生进入心理断乳期后性格变得内向，他们一改儿童期的直率、天真、单纯，内心世界变得丰富多采起来，不再轻易向父母显露，也不再像儿童那样经常向父母敞开心扉，而变得把心事封闭起来。这是青春期中学生最显著的心理特征。他们希望自己单独住，有单独的衣柜及写字台，并把自己的抽屉锁上。久而久之，这种独立感又带来了强烈的孤独心理，因此中学生又非常渴望周围人能够理解自己，他们常常采取写日记、交知心朋友等办法，把自己的真情倾诉出来，把内心的秘密表露出来，并且不希望受到非难和责备。有时他们为了加强思想感情的交流，还希望有知心朋友，在知心朋友间无话不谈，甚至不能对父母说的事也向其朋友说，请朋友帮助自己出主意、想办法。

心理断乳期是中学生急剧变化的关键时期，也是成长必经之路。这时应当从以下几个方面对中学生进行关注及教育：

1. 进行科学的生理卫生及性教育　除了学校的教育，家庭也是教育的重要场所。教育要讲究方式方法，一般而言，妈妈可主要对女孩进行教育，爸爸可主要对男孩进行教育，父母应当根据孩子的实际情况进行辅导性谈话或者暗示性引导，从而使他们避免盲目探索和产生不良的好奇心，减少心理上的混乱及慌乱。

2. 进行道德及法制教育　青春期的中学生正处于性的萌发时期，他们的体内出现性激素的刺激作用，引起的生理性感受较为强烈。而此时中学生的道德观念还不完善，理解也很肤浅，法制观念也很淡薄，往往在感情的冲动下，置道德及法律于不顾，会做出不理智的行为。学校和家长应注重对中学生进行法制及道德观念教育，使他们的道德成熟先于性成熟，把过盛的精力放在学习、劳动上。不要使青春期的鲁莽成为法盲的牺牲品，防止其一步走错，铸成千古之恨。

3. 引导参与多种文体活动　要使中学生的生活变得丰富多采，把他们的精力引导到学习及正当的文体活动上，同时家长应当给予配合，可购买及推荐一些活动器材和积极向上的书籍给孩子看，引导他们健康成长。

4. 帮助确立理想目标　进入青春断乳期的中学生开始对人的内部世界和内心思想发生兴趣，希望了解别人和自己的个性特点，关心自己的发展及自己的作用，但往往容易过高地估计自己的能力。所以，他们在确立目标时往往好高骛远、脱离实际，因此应当帮助他们确立切合实际的目标，并不断设置新高度，达到一个目标后再设立一个新目标，最终实现远大理想。要把学习科学知识当做这一时期头等大事来落实，努力掌握更多的科学知识。

5. 及时调节心理变化　中学生要了解自己在此时的封闭心理，要学会恰如其分地进行心理调节，培养良好的自我控制能力，正确处理好各种人际关系。

6. 搞好自身保健　由于进入青春期后，中学生生理发育的特殊需要及生理上出现的巨大变化，使其应当注意加强营养，开展适当的体育活动，每天要保证 8～9 个小时睡眠，以增强其体质，促进身体健康地发育。

7. 改变教育方法　进入青春期后，中学生不能再接受父母沿用对儿童的教育方法。否则可以引起三方面问题：

(1)反抗心理：对父母的过分照顾或反复说教、斥责、命令等不信任的态度，会产生反抗心理。中学生对父母的反抗又引起父母的不满与气愤，并进一步斥责孩子，越是斥责越引起强烈的反抗，形成恶性循环，使双方更对立冲突加剧，影响中学生与父母的感情，造成关系紧张。

(2)对父母敬而远之：由于一些父母对中学生的压力太大，孩子无法进行反抗，就采取这个耳朵进，那个耳朵出，你说你的，我做我的，敬而远之，这样父母就失去了管理本能。

(3)屈从于父母压力：中学生从而表现唯唯诺诺、唯命是从，使其丧失了独立性，这样孩子的创造力可能从此丧失。所以，父母一定要改进自己的管理及教育方法。

五、缓解压力

中学生在现实生活中，深深地感受到来自于学习负担过重的压力。死啃书本，单纯追求分数，生活单调而形成了沉重的心理压力。一些学习差的中学生，由于达不到老师及父母的要求，造成亲子关系和师生关系紧张。有些父母对子女要求过严，子女承受不了这种心理压力，有时会表现出异乎寻常的反抗情绪。还有一些中学生在公众场合，如在全班发言、朗读或在与老师的交谈过程中发怵，面带难色，不是怕表达不好而羞涩，而是根本不敢发表自己的看法，这种胆怯也是来自心理上的压力。是由我不行导致的自信心不强所引起的。对于各种心理压力，同学们千万不能急躁，一方面要依靠社会、家庭、同学、朋友、老师的帮助、爱护和鼓励；另一方面还要靠自己的心理调节，加强修养，提高自我平衡能力，要想从根本上解决问题，缓解心理压力，还需要自己的努力和调适。主要从以下几个方面来缓解心理压力：

1. 放慢节奏　中学生要认识到，人的生活不一定都要快节奏，重要的是要适合自己的节奏，可以给自己开三张清单，一张是必须做的事，一张是想做的事，另一张是既非必需又不想做的事。然后，把第三张清单上的事全部忘掉，集中时间全力做好第一张清单上的事，这样就会使自己放慢生活节奏，防止因事多而造成的心理压力。

2. 一吐为快　如果中学生在学习中遇到挫折，或者是在学习及生活中被人误解，或因人际关系困惑时，不必自寻烦恼，把痛苦埋在心里，可以找自己最知心的朋友、最尊敬的长辈，把内心中的苦恼讲述给他们，让他们帮助自己分析一下，帮助自己解除烦恼，也许会茅塞顿开，使心情舒展开来。

3. 适当满足　中学生不能无限制地追求，应当对自己的生活和学习现状感到满足。这样，可以使自己的聪明才智释放出来，并取得一定成绩，获得成功，增加对学习和生活的乐趣。相反，如果经常处于不满足状态，盲目地认为自己长相丑，不够聪明而羞愧万分，怨天尤人，就会把学习、生活看成是一种负担，从而影响其聪明才智的发挥。

4. 认识自己　中学生只有正确地认识自己，其行为举止才能得体，才能适应学习和生活，努力发展自己。如果没有正确的自我观念，往往自视清高，自以为是，去追求自己力所不能及的事情，一旦失败就责怪环境或把过失推诿给别人；或者自轻自贱，对自己的未来，对自己的命运漠不关心；或者自觉羞愧难当，不肯以本来面目表现自己，这样就会形成心理压力。

5. 冷静思考　中学生在面临心理压力时，应当冷静地进行思考。其实人每时每刻都在进行着思考和选择，而没有目标的思考和选择，只会使人随波逐流、虚度光阴。当中学生经过努力奋斗没有达到目标，或受到挫折时，更要冷静地进行思考，并分析原因，找到失败的根源，从自己的实际出发，进一步修订目标，脚踏实地地去努力奋斗，争取目标的实现。

6. 灵活变通　中学生在遇到心理压力、困难及烦恼时，不要硬碰硬，而应当采取灵活变通的方法去处理，如老师及父母批评错了而自己受了委屈时，老师及父母正在气头上时不要进行辩解。因为即使辩解，他们也听不进去，不如暂时回避一下，可以告诉老师及父母，“能不能让我想一想”，“我能不能出去反省一下”。事后再与老师及父母很好地交流一下，这样既缓解了矛盾,也减轻了心理压力。

7. 学会让步　在现实生活中,不要处处坚持,有时甚至自己是对的,做些让步对自己的心身是有好处的,可以减轻自己的心理压力。同学及好友当中出现一些摩擦是常见的事,应当得理让人。善于宽容别人是一种美德,是有教养、有修养的表现。如果自己在处事过程中确有不当之处,当你坦诚地向同学或朋友承认不足时,不仅能够获得友谊,别人还能高看你一眼。

8. 自我修养　中学生要不断加强修养,要多看好书,多学习新知识,多向老师、父母及其他老前辈请教,使自己的生活丰富多采,不枯燥乏味。要使自己的性格平和,不过度急躁,可以结合自己的兴趣,尽可能地博览群书。一方面拓宽自己的知识面,学习他人的意志和毅力,增强自己的韧性及克服困难的勇气;另一方面可以从书中获得精神上的慰藉。要学以致用,加强对生活及学习的承受能力,遇事不慌,沉着冷静,分析思考,提高处理问题的能力,使自己成为一个坚强、睿智、身心健康的中学生。

9. 控制情绪　当中学生处于心理压力下,一定要控制自己的情绪,尤其要防止气怒伤身。人处在愤怒情绪之中时,消化腺受到抑制,影响食物的消化与吸收,使人的抵抗力下降,或者引起大脑功能紊乱,内分泌系统功能紊乱,引起急性疾病发作。如果中学生胸怀坦荡,笑口常开,这对消除心理压力是极为有利的。

10. 精神松弛　中学生面对心理压力时,要减轻精神紧张,因为人在精神紧张状态下,会感到烦躁、低沉、忧郁等。这样,就不能有效地对抗心理压力,有时甚至会加重挫折感。主要可以采用以下方法进行放松:

(1)文体活动:当自己心理压力过大时,把手头的事放下不去想它,可以到大自然中散步,看电影或从事各种文体活动。如果中学生的心理压力来自于平常,可以经常进行运动,每周至少 3 次,达到预期最高心率的 75%之后,继续运动 20 分钟。最高心率以 225－年龄数为限。

(2)适当休息:适当地进行休息,可以防止中学生出现体力衰竭的情况,给自己留下点空闲,有助于缓解心理压力。

(3)放松精神:中学生可以选择一安静的房间,闭目进行深呼吸,摒除心中各种杂念,休息 10～15 分钟,每天进行 2 次。

(4)调节饮食:处于心理压力时,有些中学生为了缓解压力,进食多量食物,对身体造成损害。用进食缓解压力,一定要科学,如进食的脂肪数量应当控制在摄入总热能的 30%,用馒头或面包来代替脂肪、糖,吃盐不能太多。

(5)少用药物:少喝咖啡,饮用太多的咖啡会使自己精神紧张、心情烦躁和头痛。服用药物,应限于医师处方。

六、树立自信心和责任感

所谓自信心,就是相信自己,坚信自己具有获得成功的能力,并因此而立志,坚定信念,战胜困难,收获成功的硕果。有的中学生意志品质差,自信心差,他们不能正确对待自己在学习上的失败,不能正确分析失败的原因,不能恰如其分地评价自己的能力,因此他们在挫折面前常常采取消极态度,从而丧失了信心。

必须要认识到,人的一生不可能是一帆风顺的,而困难及挫折往往会伴随着人的一生,正是人们经常面临困难及逆境,才可以不断地磨练意志，只有这样才能向着既定的目标不断地努力，直到成功。如果一个人失去了自信，就会失去战胜困难的勇气，也就失去了成功的可能性，从而从心理上失败，成为一个懦夫。试想一个人连自己都不相信，那么世界上还有什么人会了解自己的实力呢？成功来自于自信，来自于毅力。

中学生培养自信心应进行以下锻炼：

1. 在各种聚会中坐在最前面　在现实生活中常常可以看到，许多中学生都抢着坐后面位子，其中一个主要原因是希望自己不要坐在非常显眼的地方，这种害怕受人瞩目的原因就是因为缺乏自信心。而坐在前面能够帮助你建立自信心，因为受人瞩目并不可怕，所有的成功都是受人瞩目的。

2. 正视别人　许多没有自信心的中学生，不敢与别人进行眼与眼的对视，这往往是告诉别人"在你面前我很自卑"，"在你面前我没有自信心"，而正视别人就等于告诉别人"我是有信心的，我是光明正大的"，"我说的都是真的，我毫不心虚"。

3. 加快走路的速度　许多没有自信心的中学生，常常有懒散的姿势，他们走路缓慢，并把对自己、对学习及对别人的不愉快感受联系在一起。一些没有自信心，遭受过挫折和打击的中学生往往走路拖拖拉拉。如果能改变自己的走路姿势和速度，就可以改变自己的心态，使自己变得有信心起来。他们在用自己飞快的步伐告诉人们："我很有能力，我现在要去一个非常重要的地方，去做很重要的事情。"把自己的步伐加快，挺胸抬头，这时会感到自己的自信心在不断增长。

4. 敢于当众发言　经常不敢当众发言的中学生主要是缺乏自信心，因为他们认为，自己的发言也许没有任何价值，如果说出来，别人可能会认为非常愚蠢，或许会笑话我；我最好什么也不说，因为别人要比我懂得多，我不想让别人知道我这么无知。他们还常常会下定决心等下一次开会时再发言，以上都是没有自信心的表现。中学生为了树立自信心，应当尽量在各种场合发表自己的意见，这样就会增强自信心。

5. 开怀大笑　中学生要明白，笑是治疗信心不足的良药，当自信心不足时，就要强迫自己开怀大笑一下，当自己害怕或愤怒时，也要强迫自己开怀大笑一下。

七、学会独立

进入青春期的中学生独立意识非常强烈，这也是他们走向独立的开始，也是由于中学生的独立意识，才摆脱了对老师、父母的依赖心理而逐渐走向独立成熟。独立性是人的一个意志品质，是指个体倾向于自主地选取决定和行动，这样一个独立的人既不受外界环境因素的影响，也不容易被周围人的意志所左右。

中学生在成长过程中，尤其是一些独生子女，被爸爸、妈妈照顾惯了，往往在其独立的过程中需要克服依赖性，有的中学生甚至要花大力气克服。个别独生子女的依赖性很强，一旦离开了父母或者班集体就茫然不知所措，他们办事缺乏主见和独立处理问题的能力，经常随大流，别人怎么做他们就跟着做。在学习上缺乏主动性及创造性，缺乏进取心，懒惰，不主动思考，喜欢死记硬背，课后不肯动脑子，这样难以发挥自己的聪明才智，难以体现自我价值。依赖性强的中学生在生活上过分依靠父母，衣来伸手，饭来张口，生活自理能力差，有的人甚至缺乏基本的生活技能。中学生要想独立，就应当从现实生活的一点一滴作起，应当有意识地摆脱老师及父母对自己的过度帮助与关照,勇敢地去处理自己的问题。要注意在生活中磨练自己的意志,与自己的惰性作斗争。对于困难、挫折不逃避,要敢于面对现实,做生活的强者,从而成为一个自强自立的人。

中学生进入青春期后向成人过渡,此时正是中学生责任感的形成时期。责任感是判断一个人是否成熟的标志。

具有责任感的中学生主要表现在对自己负责,并且有能力照顾自己的生活;对家庭负责,能用自己的能力去给亲朋好友创造快乐;对社会负责,遵守各种社会公德,担负起社会的责任,帮助弱小,造福社会;理智地处理问题,遇事能够冷静地用自己的脑子判断和完成对事情的处理。

八、忧愁心理的调适

中学生常常具有较多的幻想,他们对自己的前途往往较为乐观,好像初生的牛犊,难以预料学习和生活中的各种难题。一旦遇到困难,就会感到大难临头,有时甚至背上沉重的思想负担,对未来恐惧不安,忧心忡忡。于是,常常陷入深深地忧愁之中难于自拔。忧愁对中学生心身健康的影响是非常巨大的,长期的忧愁会使中学生产生不良的性格特征,主要表现为孤独、脆弱,为患心理疾病留下了隐患。另外,长期的忧愁会引起身体的内分泌紊乱,免疫力低下,造成疾病。所以,有了忧愁以后,一定要注意克服它。可以从以下几个方面做起:

1. 放松心情　中学生要端正学习、生活目的,对于一些小节的事则不要斤斤计较,也不要过于执着,通过减少精神上的压力就会使自己减少忧愁。另外,在紧张的学习生活之余,把自己的生活安排得丰富多采,参加一些文体活动,接受大自然的熏陶，以豁达的胸怀对待生活，增加生活的乐趣，使自己的精神有所寄托，在愉快的笑声中引发愉悦的情怀。

2. 丰富知识　多读一些关于心理健康的书籍，丰富自己的知识，使自己勤于思考，开阔自己的胸襟，这样久而久之，忧愁的情绪就自然消退了。

3. 与人交往　具有忧愁心理的中学生往往具有性格内向，不善于交往的特点。对此，应当有意识地走出自我封闭的小圈子，多与同学和老师交往，让自己在友谊之中感受欢乐的气氛。一个人生活在集体中就会体会到集体的力量，同时也能体会到自己作为集体中一员的力量，就会增强自己的信心和动力，从而减轻情绪上的抑郁。

4. 倾诉宣泄　中学生在自己心情苦闷的时候，还可以找亲朋好友谈一谈心，把自己内心的苦闷倾泻出来，使不良的情绪及时疏导，这样精神就会变得愉快起来。

5. 自然遗忘　中学生产生了忧愁的心理不要紧张，因为随着时间的推移，忧愁就会自然而然地淡忘，最后消失。要注意不要反复强化及暗示它，避免任何引起忧愁事物的回忆，让它消失在记忆的长河中。

6. 培养性格　性格内向，心胸狭窄的中学生，往往因孤僻多疑，对任何事情都不感兴趣，易产生忧愁心理。要避免忧愁，就应当培养自己良好的个性。要注意培养自己遇事不愁，处世不忧，容人容事，不计较小事小非的开朗性格。

九、体验痛苦增加阅历

痛苦是使人不愉快的情绪，是人类所特有的精神活动，是一种深沉的情感体验。许多中学生都饱尝过痛苦的滋味，在现实生活中一些不如意的事都会引起人们的痛苦，如学业上的失败，好友的分别，都能让人产生无尽的痛苦，有时甚至无法自拔。女同学由于性格上的特点，如情感脆弱、细腻、深沉，一旦感受到了挫折，就更容易产生痛苦。痛苦是一种消极的情绪，常常影响人的健康。但是，痛苦也有好的一面，它可以使人们增加阅历，并转化为精神财富。人们在追求事业成功和幸福的过程中，往往是经过了一次又一次的失败和痛苦，才得到了快乐。痛苦不仅仅孕育着快乐，而且还孕育着创造。中学生只有珍惜今日的痛苦，在痛苦中奋起，把痛苦当作今后的起点，就不会为一次失败而心灰意冷。人的生命是在痛苦中诞生的，中学生的成熟也离不开痛苦的经历。痛苦可以转化为自强自立，可以让人们清醒地认识自己，可以升华为创造，可以为人们带来经验，使人们增加阅历。

痛苦一旦来临，就会对身体健康造成影响，使自己生活得不愉快，应当想办法尽快从中解脱出来。

1. 忘却或回避引起痛苦的事件　痛苦往往是由一些创伤性的生活事件所引起的。俗话说得好“触景生情”，所以为了减轻痛苦应忘却或暂时避开引起和增加自己痛苦的情景。

2. 一吐为快　中学生在痛苦万分时，可以将自己的苦闷心理一吐为快，讲给自己的亲朋好友听，憋在心里，时间一长就会造成身体的损害。这种办法可以有效地疏导不良的情绪。当自己的痛苦得到亲朋好友的理解和同情时，会感到莫大的温暖，而淡忘了痛苦。

3. 参加娱乐活动　中学生在痛苦万分时，应当增加一些令人精神振奋、心情愉快的文化娱乐活动，从中汲取积极的精神力量，这样有利于疏导痛苦的情绪。

十、学会制怒

愤怒是人对外界事物不满而产生的一种强烈的情绪反应。中学生由于年轻气盛，血气方刚，比其他年龄段的人更易发怒。在现实生活中，有不少中学生经常因为一些不顺心和看不惯的事而大发脾气。愤怒是一种不良的性格和气质，这种人行动果断易鲁莽，对情绪的抑制能力较弱，遇事容易失去控制，如说出一些难听的话，或者做出一些令人难以忍受的行为。

中学生经常发怒者，其家庭中不是娇生惯养、过分溺爱，就是得不到家庭的温暖。另外，在现实生活中的各种不顺利，也容易造成中学生的愤怒情绪。个别中学生由于先天和后天环境的影响，心胸十分狭隘，他们常常为一点点微不足道的小事，甚至一句话就大发脾气。一些中学生的发怒是因为自己丢了“面子”，自觉难以忍受，才大发脾气的。有些中学生由于父母的娇生惯养，形成了唯我独尊的性格，做事我行我素，一旦有所妨碍就大发脾气。

发怒可以使人体自主神经系统的兴奋与抑制处于极不平衡状态，交感神经异常兴奋，副交感神经完全受到抑制，造成心跳加快、血压升高、胆汁分泌增多、呼吸加快、口干舌燥、多汗、全身发抖、面部变色等。并且容易诱发胃溃疡、高血压、冠心病、肝病、脑溢血、神经衰弱等疾病。此外，还可以影响团结，甚至发生伤人毁物的行为。所以，中学生要克制发怒的行为。可以采取以下措施：

1. 加强修养　发怒是缺乏涵养和不成熟的表现，是个性修养不足所引起的。因此，我们要加强个人修养，努力把个人的感情克制在适当的范围内。要加强自我的思想涵养，要处处以大局为重，心中经常想着别人，不要一事当前自己最重要，要尊重别人的利益和需要，这样才能时刻保持理智和冷静，对他人温存体贴，遇事心平气和，三思而后行。

2. 宽以待人　中学生要改变自己易发怒的缺点，就要培养自己对别人有宽容的气量。以达观的态度来对待生活，要宽容别人个性上的缺陷，要容忍他人的过错，要允许他人有不同的意见，对自己不要过于自信，发怒时最好想一想，自己认为错的事就未必是真错。人人都可以按照自己的标准来选择，别人不一定要按照自己的心思来做。人生之路充满了荆棘坎坷，不如意的事是经常会遇见的，苦难挫折也是不可避免的，如果将这些事看得很开，恼怒自然会消散。

当中学生在学习生活中遇到各种困难后，与其愤怒，不如发愤图强从而激励自己不断进步。

3. 自我暗示　中学生要有意识地用理智来克制愤怒的情绪。在感到自己要发怒时，可以暗示自己“镇静”、“不要发火”等，这样可以使愤怒情绪得以疏散。

4. 应用各种心理防卫机制来制怒

(1)回避：为了避免发怒，要有意识地避开容易引起愤怒的人或事，尤其是对于非原则的问题。尽量避免纠纷，远离各种使自己发怒的事情，不与他人生闲气。

(2)转移：要转移自己的注意力，尤其是当怒火在胸中已经燃烧时，要努力转移注意力，寻找一些令自己开心的事情，如听一听音乐，或者到户外去散散步，使自己从愤怒的情绪中解脱出来。

(3)压抑：有意识地把一些不愉快的想法和观念压抑在自己的内心中，可以采取自我批评的办法，有意识地驾驭自己的情感。

(4)发泄:向亲朋好友倾诉自己内心的愤怒,不要将怒气压抑到忍无可忍的地步。

(5)移置:将自己对某人或某事的反感及愤怒的情绪转移到另一个对象上去,如自己的桌子或椅子。

(6)否认:把自己列入豁达乐观的人群中,否认自己前不久有任何不愉快的情绪。

(7)精神胜利:在遇到难以忍受的事情时,可以用精神胜利法,如"他已经不对了,他理亏了,我不学他"。

(8)让步:对于别人的恶语中伤,不以牙还牙,要理智地让步,这样显得自己有较高的修养。

(9)想象:先承认眼前的困境,然后把事实想象得比现在还要糟,这样可以得到心理安慰。

(10)替代:用积极的情绪致力于自己的学习,鼓起满腔的热情来替代愤怒的情绪。

(11)借口:可以用一些合理的理由解释自己的情绪和行为,给自己搭个台阶,使自己恢复到原来的状态。

十一、保持愉快心情

有的中学生抱怨,不知为什么就是快乐不起来,整天焦虑不安,心烦意乱,无精打采。其实,乐也好、烦也好,今天要按时度过,明天要按时到来,不如轻轻松松、高高兴兴地过一天。

我们所说的心情,在心理学上称为心境。某种心境一旦产生,往往持续时间比较长,并且具有很强的感染力,使人在一段时间内所有的生活都感染上该种情绪色彩。如一个人心情好时,干什么事心里都乐滋滋的,这就是人逢喜事精神爽;但当一个人心情不好时，干什么事都不顺心，心生厌烦。心理学家研究认为，心境对人的身体健康和心理健康具有极大的影响。人们常说：快乐的人长寿，不快乐的人常患病。心情舒畅的人容易形成开朗的、乐观的性格；心情郁闷的人容易形成忧郁、内向的性格。

心理学研究发现，影响人心境的客观因素有生活的得意和失意，学习中的成功和失败，交往中的融洽和摩擦，身体的健康和疾病以及自然环境适应与变化等。生活中有许多得意的事让人们感到快乐，也难免有些失意的事让人们烦恼；学习中的每一次进步都让人们兴奋和喜悦，但也难免遇到困难、挫折和失败，让人们焦虑不安；与同学交往得到友谊使人快乐，但也难免遇到摩擦与误解，让人心烦。同时，人的心境时刻受到自然环境的影响。

同学们都生活在同一片蓝天下，每一个人都感受着同样的酸甜苦辣，好心情、坏心情全凭自己掌握。你的快乐就在你身边。所谓快乐，不过是一种感受，不快乐也是一种感受，只是快乐的人善于感受生活。快乐不拒绝困难，只要你有摆脱困境的勇气和决心，你就会战胜困境得到更大的快乐。快乐也不拒绝平淡，平平淡淡才是真，只要在平淡中感受生命的存在，就会更加热爱生活。

要想天天拥有好心情，应做到以下几点：

1. 待人和蔼　与人相处诚恳谦和，襟怀宽广，既听正言又听逆言。一个人独处，宁静致远。

2. 得意时淡然处之　志得意满时保持平常心，不忘乎所以。

3. 失意时泰然处之　失意时切忌自暴自弃，不以呻吟代替自省，不以牢骚代替沉思，保持胸怀坦荡；无事的时候悠然，不心烦。

4. 学会发现不良情绪　许多中学生出现失眠、头痛、贪食或食欲不佳，沉迷网吧、吸烟、厌学等情况，这些都可能是长期不良情绪引发的结果。应该及早发现，及时就医咨询，及时排除。

5. 及时宣泄不良情绪　生活中总会遇到挫折和失败，当愿望得不到满足的时候，则会产生压力。有哲人说：快乐与人分享，快乐就会增加一倍；痛苦与人分担，痛苦就会减少一半。所以该说就说，发泄胸中苦闷，就会感到清爽。该笑就笑，该哭就哭。笑是幸福的源泉，笑是人生的一缕阳光，既能照耀别人，又能照耀自己。开怀大笑能给自己一个好心情。泪水是一种毒液，把泪水排出体外，可缓解悲伤情绪，减轻痛苦，消除忧虑。当你的天空布满阴云，就不妨大哭一场，雨过天晴，擦干泪水，又是一个阳光明媚的日子。

6. 忘记也是一种快乐　生活中难免有矛盾、误解和不如意，将这些不顺心的事统统记在心上，势必会使自己卷入烦恼之中。倒不如试着忘记，该忘就忘，来个无事一身轻。

7. 该玩就玩　每个中学生都担负着学习的重任，每天忙忙碌碌。学习之余不妨享受一下生活的乐趣，培养自己良好的业余爱好，放松一下紧张的神经。每天定时从事跑步、急走、游泳等体育运动，可以有效地抵制不良情绪，从而振奋心情，驱走忧虑与烦恼。

8. 少一些苛求　生活不会十全十美，一个人也不会处处成功，所以不要刻意追求完美，处处与人比高低。正是生活中留有遗憾，生活才有乐趣；每个人都有自己的欲望、优点和缺点，每个人都需要他人的理解和支持。对他人多一些善意，少一份戒心和猜疑，就可以少树立对立面，心静如水。

9. 做一个幽默的人　当人心境不佳或身处尴尬困境时，幽默常能大事化小，小事化了，从而使人摆脱困境，获得愉快心境。

天天有份好心情，你会获得热情、开朗的个性！天天有份好心情，你会感到生活的乐趣，使你更加热爱生活。

十二、处理好人际关系

人际关系是人与人之间心理上的关系，心理上的距离，它反映了个人或团体寻求满足需要的心理状态。人们在生活与实践中，通过各种交往，各种联系发生各种各样的相互关系。这种表示人与人之间相互交往与联系的关系，就是人际关系。不同的人际关系引起不同的情感体验。

1. 人际关系的作用　一般来说，良好的人际关系有两大作用：

(1)提高学习效率：人际关系好，同学与同学之间感情融洽，心情舒畅，有利于发挥学习的积极性和创造性，提高学习效率。若人际关系不好，同学与同学关系紧张，互相猜疑，彼此戒备，学习上不能互相帮助，就会降低学习效率。

(2)提高心理健康水平：人际关系对人的心理健康发生重大影响。人际关系融洽，需要得到满足，就能保障心理健康。否则就可能引起心理疾病。

2. 妥善处理人际关系

(1)了解人际吸引力的组成因素：人们在各种交往中，彼此都互相以肯定或否定的方式来评价对方。评价的高低往往取决于评价对象人际吸引力的强弱。在日常生活中，很多同学都愿意与某一位同学交往，说明他的人际吸引力强。有的同学大家都不愿与他来往，说明他的人际吸引力弱。人际吸引力强，能使人际关系协调、融洽。形成较强人际吸引力的因素有：

①接近性因素。距离越小越近，则往往容易接触，在交往的早期阶段更是如此。因为地点上的接近使相互交往、相互接触的机会更多。经常接触的人，彼此很容易相互吸引。例如，学校中同座位的同学，他们的人际吸引力不少是接近性吸引。但研究表明：这一因素随时间的推移，其发挥的作用越来越小。

②相似性吸引。这是人际关系中，以态度、信念和价值观的相似为主的一种人际间的吸引。在个人特性方面，双方若能意识到相似性，则容易相互吸引，两者越相似，越能相互吸引。在个人交往中，相似性吸引形成的友谊是牢固的，是双方共同前进的精神推动力。

③需要的互补。人们之间的交往，是为了满足需要。但双方的需要以及对于双方的期望正好成为互补关系时，就会产生强烈的吸引力。例如，依赖性较强的人往往喜欢和独立性较强的人在一起；脾气急躁的人往往喜欢和性格温和的人相处，从而使双方的关系更为协调，个人的特点正好符合对方的需要，使其各得其所。当然，这种互补主要是精神需要的互补。

④仪表。仪表是人际交往中重要的吸引因素。人的长相、穿着、体态、风度等，都会影响人们彼此间的吸引力。尤其是第一次见面时，第一印象的作用中，仪表这一因素占有重要的地位。朴素、大方、整洁，给人的第一印象就会是好的。研究表明，随着社会交往的时间延长，仪表因素的作用会越来越小，吸引力将从外在的仪表逐渐转入人们内在的道德品质。

(2)重视人格锻炼：良好的人格，能协调人际关系。而不良的人格，却往往会使人际关系紧张。一个人心胸开阔，性情开朗，严以律己，宽以待人，就为搞好人际关系提供了有利的心理条件。一个人心胸狭隘，性情孤僻，则会成为人际关系的障碍。性情暴躁的人比较容易与人发生冲突，造成人际关系紧张。因此，注重人格锻炼，培养良好人格，对于协调或改善人际关系十分重要。

（3）加强自我意识：人都有一个重要的特点，就是有自我意识，能够认识自己，即可以自知。因此，人能够自觉地调整自己的意识与行为，有意识地控制自己的动机与情绪。自我意识强的人，对自己了解深刻，能够正确对待自己，也就容易与他人搞好人际关系。

十三、经常与父母交流

进入青春期后，许多中学生与父母的交流对话越来越少，有的甚至连见面都极力回避；有的中学生对父母的问话带搭不理，问多了他还心烦意乱；有的中学生在家中自己的小天地里不愿意出来，更不愿意父母动自己的东西。节假日父母经常想和孩子一起去玩玩，但孩子死活不愿意与父母一起出去，宁可待在家中。这些就是两代人的代沟，父母应对此了解，中学生也应当清楚自己为什么会这样。这是因为中学生进入青春期后心理上往往有很强的独立意识，要求自主，要求家人把自己看成是一个成年人；另外，中学生还具有封闭性的特点，自己的内心不愿意向家长袒露。父母必须关注孩子这方面的问题，改变以往的教育方法做好疏导工作。要做到以下“四不要”：

1. 不要包办代替　随着孩子年龄的增长，父母对孩子的生活不要大包大揽，该放手时则放手，这样既可以锻炼中学生生活的自理能力，又可以使孩子在心理上早日摆脱对父母的依赖，促进他们的健康成长。

2. 不要不停地唠叨　父母对孩子不是事无巨细地、唠叨的越多越好，而是当说则说，该讲则讲，要讲得适度，有理有节。这样，才能常讲常新，否则将会适得其反。

3. 不要强迫命令　孩子长大成人，寻求自主，这实际上是孩子成熟的标志，家长不要不切实际地要求孩子言听计从，这样的教育方法会加深父母与子女之间的矛盾。

4. 不要恶语相对　父母要注意尊重孩子的人格，与孩子是平等的关系，应当了解孩子的心理，理解他们的感情，尊重他们的意愿，关心他们的成长，给孩子创造出一种和谐的家庭氛围，使孩子健康地成长。

中学生们虽然在生理上已经长大成人，但是在心理上还未完全成熟，尤其是在社会经验上与父母相比还差得很远。所以，应承认自己对一些事物的认识还很肤浅，有时其想法还不切合实际，这个阶段非常需要家长的指导和帮助。中学生们应当把家长当作自己的知心朋友，把自己的一些想法告诉父母，当父母真正地了解后，他们会及时给你更多的启发和帮助。

十四、正确对待别人的批评

俗话说得好，良药苦口利于病，忠言逆耳利于行。言者无罪，闻者足戒，有则改之，无则加勉。但在现实生活中，许多中学生对于批评很反感，经常有较大的抵触情绪。有时气急败坏地与人争论一番；有时一言不发，心中不服；或者阳奉阴违，当面一套，背后一套。

正确地对待批评应当采取以下做法：

1. 稳定情绪　中学生在批评面前要保持冷静，要倾听完别人的批评，即使是对方冤枉了自己，也不要好像是干柴烈火一样，一点就着。

2. 态度真诚　抱着想解决问题的真诚态度，与对方谈话，如果对方谈得有理，就要勇于承认错误，与其他人有不同的意见，就应当委婉地提出来。

3. 真正想通　如果没有想通就不要表现出已经想通的态度来，不要自己骗自己，防止根本没有想通，以后又犯相同的错误，给人以屡教不改的印象。

4. 背后交流　在一些公共场合要维护给自己提意见人的面子，不要在这种场合交换意见，可以事后交流，这样效果比当时就发表意见好。

十五、不斤斤计较

青春期是一个人个性品质培养的最佳时期，好的个性品质的形成，会使其受益一生，其中一个最重要的品质就是胸襟开阔、为人坦荡、处世大度。但是在现实生活中，一些中学生的心胸较为狭隘，对于一些生活中的事情斤斤计较，因此而影响自己的人际关系，最终是不会有所作为的。这样的人，常常因为别人碰了自己一下，就大动肝火，别人开个玩笑也非常认真，在家中父母当着外人说了自己几句就受不了，常常控制不住自己而做出过激行为。一个心胸开阔、心理素质较好的人是能够正确地对待，不会较真的。

"小不忍则乱大谋"，"千里长堤，毁于蚁穴"这样的古训在今天来讲仍有现实意义。中学生千万不能心胸过于狭隘，否则会使自己一事无成。有的中学生之所以斤斤计较，是由于他们的心理尚未成熟，所以心理还不健康，往往在小事上斤斤计较的人，在一些大是大非上是很糊涂的，事情越大，他们越迷糊。这是由于人的精力是有限的，如果一个人在小事上的精力分配过多，对大事的注意力必然淡化，甚至是无暇考虑。心理素质的好坏，会直接影响着人的身体健康。如果经常气量狭小，就会陷入心情抑郁中，这样对人的身体有较大的影响。人应当尽量豁达开朗一些，眼光也要放远一些，不要只把眼光盯在自己的鼻子上，不要经常为小事所困扰，被小小的挫折所击倒，否则今后在学业、事业上是不会成功的。

中学生要想使自己成为一个有理想、有抱负的人，就要注意自己各方面的修养，讲究心理卫生，锻炼自己坚强的意志品质，不要过多地计较小事，要努力站得高一点，凡事看得远一点，这样才会有超脱之感，才能使自己取得成功。

十六、学会沟通

在当今社会，人们对人际关系的质量提出了更高的要求，而调适人际关系最好的方法是良好的沟通。沟通是指传达意思给对方，能使双方连通。不管是用语言的还是行为的，有意的或是无意的，只要意思被人明了，就算是双方有了沟通。所以，沟通可以是积极的，也可以是消极的。

在与同学和朋友进行交往时，可采用以下沟通方法：

1. 用温和的语言作为心灵沟通的纽带　中学生在与人沟通的过程中，应该使用温和的语言，这种语言应当是发自自己的内心，必须是真诚的，这样才能准确无误地表达自己的意思。在使用温和的语言时，还应当配合愉快的心情和表情；否则，即使是非常有感情的语言，也会让人感觉是言不由衷的。

因为不带有感情与表情的语言，听起来具有冷冰冰的感觉，具有敌意的感觉。

2. 行动的沟通比语言的沟通更有力　一个人如果把对同学的感情一味地挂在嘴边，这种沟通的方法是非常苍白的，时间长了如果没有行动，别人是很难相信的。有时必须付诸行动，可以在同学困难的时候给与帮助，在同学痛苦的时候，哪怕帮助他拿拿书包，都比你说十句劝慰的话管用，要来得真切。这样会使同学不断的触摸到你情真意切的关心和爱护，同时自己也可不断的体会到来自同学的关切和赞许。珍惜同学之间无微不至的关怀，才能体验到朋友之间的真情是人世间一种最宝贵的情感，并可以从对方真情的微笑中体会到一种满足感和幸福感。

3. 承认对问题看法的多面性　中学生要认识到，由于各自的情况和条件不同，对于同一事物人们会有不同的看法。只有持这种观点，在沟通的过程中才不会因别人与自己的看法不同而心里不舒服。最好与对方认真地讨论一番，询问对方认为自己在哪些地方做得不周到，并让对方有机会表达自己的看法，就会觉得自己是一个很客观公正的人，善于倾听别人意见的人。如果与同学和朋友在某一件事情上有明显的分歧，不要在沟通一开始就非要论个是非曲直，而可以换一种沟通的方法，承认对问题看法的多面性，从多个角度来探讨问题，看一看能否找到共同点。这样，双方通过互相交换观点，达到求同存异，取得共识。

4. 承认朋友对自己的观察是细致的　这样做比较容易接受对方提出的意见。有的中学生虽然与朋友在一起时彼此的关系处得不错，但每当别人给他指出不足时，其脸上就会立即表现出厌恶的表情。如果自己意识到旁观者清这个道理，就不会有不高兴的感觉。所以，在与人沟通的过程中，不要否认别人对自己的观感，因为一些潜在的动机有时自己还没有意识到，就不知不觉地表现出来，让别人察觉到了。不要拒绝对自己观察入微的人，因为他们是最关心自己的人。一个缺乏自信心的人是很难接受别人的批评的，尽管对方不是完人，他们在日常生活中可能也有一些短处和不足，但这也不应是拒绝批评的借口。在与朋友相处的过程中，不要认为接受了批评就是甘拜下风，即使有时朋友在情绪激动时向你提出批评，即使有夸大事实的可能，也要冷静地想想朋友的话是否有道理。如果你把别人对自己的批评看作是对自己的关心，是为了让你不断地成长和进步，成为一个对社会有益的人，即便他们批评的方法欠妥或者其自身有不足之处，也不要成为你不接受批评的理由。当一个人养成能虚心接受意见的习惯，与朋友的关系就会更融洽。

5. 尊重对方的感受　中学生要注意以真诚、坦荡、委婉的方式与人沟通，不要轻易伤害他人，同时要尊重他人的感受。在与老师和同学相处过程中，采用此方法可以避免误解或冲突的发生。因为眼泪、发火、激烈的争辩，并不能消除误会，要理解好友对自己的误解，他们的本意是好的，他们对你严格要求是为了你的进步和成长，你应当尊重他们的感受。当自己耐心听完对方的指责和误解，弄清楚他们是在什么问题上对自己产生误会，在对方情绪激动的情形下，不要急于解释，待他们心平气和时再作详细地解释。

6. 正视自己的感受，提出有意义的问题　这样可以增强彼此间的了解，减少心理冲突。中学生要把自己的真实感受向周围人和自己的朋友倾诉，并以实际行动证明自己是一个有责任心，有独立能力，并希望得到周围朋友支持的人。这样，可以有效地改变自己与周围人交往的效果，使周围人感觉你已经成熟，真的长大了，他们也会改变与你相处的方式，并且使你们之间的冲突减少。

十七、培养健康的竞争心理

竞争与合作是人际交往的两种主要表现形式。竞争是指在人际交往中，每一个参与者在积极争取个人目标的同时，也在削弱或减少对方的利益。合作与竞争相对应，指参加者在积极争取个人目标的同时，也协助对方获得一些利益。竞争与合作的共同之处，在于两者都是人际相互作用中个人实现目标的手段。在某一具体活动中，参加者选择哪一种手段依赖于环境和个人自身不同的因素。一般情况下，人们并不为获得利益而明智地选择合作，而是更喜欢竞争。

1. 学会正当竞争　有的人认为，人不为己，天诛地灭，在竞争中往往采用一些不正当的竞争方式。

一是故意诋毁竞争对手的声誉和形象。美国小说家马克·吐温在《竞选州长》中，生动地描写了一位竞选州长的候选人遭对手诬陷，使他在公众面前从一个清白的人变成一个“无赖”的过程。

二是破坏他人有利的竞争条件。如有一对从小很要好的朋友，在一次大型考试中，其中的一个人没有考好，另一位却发挥了应有的水平，他妒火中烧，在下一场考试时，故意趁其不备，将他的答卷收走一张，原以为做得天衣无缝，却不料被监考老师当场抓住。事后，觉得无脸面对好朋友。

中学生要学会在公平、公正的基础上进行正当的竞争。

2. 要有竞争意识　竞争在生活中不可避免。在人生的每一个关头，都面临着挑战和竞争，大学考试就是一个激烈的竞争，没有过硬的本领，不可能考入好的大学深造。又如在人才就业市场上，一个收入高、待遇好的职位可能有成千上万个人竞争，没有好的竞争意识，也不可能获得成功。再如美国微软公司为了取得在计算机领域的绝对优势地位，不但在美国本土还在世界各国招聘引进人才。我国计算机用户每年要花费近 10 亿美元来购买该公司有惟一版权的 windows 操作系统。以后 10 年内可能要花费上 100 亿美元。如果我们在这个领域没有自己的创新和竞争，就将永远受制于人。因此，小到个人成功，大到国家强盛，都要有良好的竞争意识。

3. 讲究竞争艺术

(1)调整参与竞争的心态：竞争开始前，一般有以下几种心理状态：

① 过分激动状态。对竞争过分焦虑、惊慌甚至害怕。在这种情况下，情绪不稳定，往往注意力很不集中，直觉不准确，思维紊乱，记忆减退，动作忙乱、失调。

②淡漠状态。情绪低落，心理过程缓慢，直觉范围缩小，注意力涣散，思维迟钝，萎靡不振，甚至不想参加竞争。

③盲目自信状态。特点是情绪愉快，但盲目乐观，对即将进行的竞争的复杂性和困难估计不足，过高估计自己的力量，相信能轻易取胜。这种状态往往会使注意强度下降，直觉、思维均较迟钝，动作反应均迟缓无力。

④战斗准备状态。特点是对任务有清楚的认识，情绪饱满，渴望参加竞争和比赛，而且直觉精确，注意力集中，思维敏捷，动作反应快。

在竞争中既不能过分激动，也不能盲目自信，更不能掉以轻心，正确的态度应该是积极准备，进入战斗状态。

(2)知己知彼：在竞争时，不但要认真研究自己所从事的工作，对竞争领域的知识及相关领域的知识要有充分的了解，而且要认真研究自己的对手，对对手的优势、劣势有充分地了解，还要对自己的劣势加紧弥补，做到扬长避短，才能在竞争中取得优势。

(3)坦然面对竞争结果：有竞争就会有胜利和失败。在竞争中要加紧努力，有迎接胜利的准备，但也要有承受挫折和失败的勇气。不能够认为只要努力了就一定会成功。一定要坦然面对竞争结果，成亦英雄，败亦英雄。失败后，更要总结经验教训，以利再战，不可被失败击倒。

十八、提高抗挫折能力

挫折是个人从事有目的的活动时，由于遇到障碍和干扰，需要得不到满足时的一种消极的情绪状态。人们在追求理想和幸福的道路上遭遇挫折是不可避免的。正确认识挫折、面对挫折，是中学生健康成长的必修课。

1. 挫折产生的原因　在实际生活中，引起挫折的原因是多种多样的，一般归纳为自然挫折、社会挫折和自我挫折三大类。自然挫折如台风、地震等，以及由于自然因素而引起的疾病、事故等。社会挫折如政治风波、战争。自我挫折是由于自身体力、智力条件或性格、能力、价值观、思想品德等特点的限制而引起的心理挫折，如体貌不佳影响人际交往，学业不良而在考试中处于劣势等。

学生是一个特殊的群体，遭受到的挫折是多方面的，上述三种挫折中学生们都可能遇到。但从学生的实际生活来考察，排除自然挫折和社会挫折，产生挫折的原因可以概括为以下两点：

(1)主观因素：主观因素是指学生自身的因素。使学生遭受挫折的主观因素主要有以下几种：

①高期望值的失落。如有的学生认为自己的学业一般，影响到自己将来的职业；有的学生认为家庭实力一般，限制了自己的消费水平和学习条件。在现实生活中，如果不能正确认识自我和社会的关系，高期望值的失落，必然带来挫折感。

②心理承受力低。心理承受力是指抵御各种挫折压力而获得心理平衡的能力。在心理学上，有一个指标可以衡量心理承受力的大小——挫折阈。人是否体验到挫折，取决于个人的抱负水平和挫折忍耐力。一般个人忍耐力的强弱与挫折阈的高低成正比。承受力弱的人，哪怕是轻微的挫折也会意志消沉。意志力薄弱是中学生产生挫折的主要原因。

③学习兴趣低。学习兴趣低下的学生，一般在学习中处于劣势。而成绩是同学、老师、家长衡量中学生能力的一个重要指标，学习兴趣低下的学生，产生挫折感的频率较高。

④情绪焦虑。有些学生情绪不稳定，容易大起大落，产生挫折感的几率较大。对同样的遭遇一般人可能会认为无所谓，情感焦虑的人则可能会认为是一个很大的挫折。情绪稳定的人在挫折面前，能够保持镇定，并参照过去的经验和知识，采取有力措施；情绪焦虑的人，往往会惊慌失措。

⑤不良性格。不良性格是学生产生挫折的重要因素，如自卑、心胸狭隘、自由散漫等都可能导致挫折感的出现。

⑥考试焦虑。考试焦虑会随着考试临近而出现，随着考试失败而加剧，这是大多数学生面临的 个大的挫折源。

(2)客观因素：客观因素往往是由于外部环境的压力而引起的。概括起来有以下几种：

①社会不良风气。社会不良风气、不正之风对中学生的人生观、世界观有很大影响。在自己有限的社会实践范围内，所体验的某种不公正会直接引发学生的挫折感。

②家庭因素。家庭不和，父母离异，家庭经济不宽裕，父母的不良影响，对学生来说是一种压力，更容易引起挫折感。在来自家庭的因素中，父母的期望是一种看不见的压力，大多数的父母都是望子成龙，望女成凤，但是苛刻的要求会适得其反，给学生带来不必要的压力。

③教师和学校的压力。学校的要求和教师的压力对中学生来说，也是一个重要的挫折源。有的教师可能存在教育方法不当，教育时机把握不好等问题，这些都可能使学生产生挫折感。需要特别指出的是，挫折感是个体自身的内部体验，学生的挫折感与学生本身的思想品德，内在的修养有着相当大的关系，挫折感是人的主观判断，在引起挫折的一切因素中，个体自身的因素是最重要的，外因只能通过内因起作用。

2. 培养耐挫力　既然挫折在人的一生中是难以避免的，我们就要正确对待挫折。从挫折中崛起、奋进。培养自身承受挫折的能力，应该从以下几个方面做起：

(1)对挫折要有正确的认识

①挫折是成功的先导。失败是成功之母，没有失败，就没有更大的成功。历史上的重大发明无一不是在千百次的失败之后才实现的。著名化学家诺贝尔花了四年时间才研制成功炸药，他的弟弟和4名员工为此而在实验中丧生，他本人也为此身负重伤。因此没有失败就没有诺贝尔的成功。

②挫折是人生的试金石。强者能在挫折中崛起，在失败中前进。自古雄才多磨砺，古今中外，杰出人物的成长都是在困境中磨练出来的。周文王被囚禁而作《周易》，屈原被流放而作

《离骚》,越王勾践卧薪尝胆重振国威,他们无一不是凭着坚定的意志战胜挫折,从失败中开辟一条通往成功的大道而实现自己人生抱负的。

(2)积极主动地适应挫折:当挫折出现后要冷静思考,在挫折中扬起前进的风帆。一遇到挫折就缩手缩脚的人,不会有所建树。要把挫折变成锻炼自己的机会,寻找新的成功之路。在失败面前,要冷静客观地分析原因,用变化的眼光看待自己遭遇的挫折,把失败的消极因素降到最低限度。在遭受挫折后面临三种可能,一是自己从事的事业方向有误,不能再继续下去,必须马上转舵;二是方法有误,出现了障碍;三是条件不成熟,需要创造一定的条件后才能获得成功。必须根据自己的实际情况作出适当的选择,要有坚韧不拔的毅力去面对挫折。音乐家贝多芬正处于音乐创作的高峰时却两耳失聪,但他能扼住命运的咽喉,没有屈服。他用一根细棒触在钢琴的琴弦上,另一端用嘴咬住,让琴弦发生的震动通过细棒传到齿骨,再传到耳内,他凭着这种不凡的努力和毅力,创造了不少著名的交响乐曲。

(3)采用适当的心理调节方法:挫折是一种消极的情绪体验,我们可通过适当的情绪调节方法加以控制。如转移法、宣泄法等。挫折是压力,也是动力;是痛苦,也是快乐的源泉;是苦难,也是成功的前夜。让每一个中学生都能从挫折中受到教益,到达成功的彼岸。

十九、克服固执任性

现在的独生子女在小家庭中,享受着优越的生活条件,父母对孩子过分的迁就和溺爱,娇宠有余而管教不当,使中学生逐渐形成了固执任性的毛病。中学生及家长对此应有正确的认识，并及时地加以矫止，以利于中学生的成长，维护其心身健康。

1. 不当独生子女　中学生在家庭中应当尽量避免给自己贴上独生子女的标签，这样就可以使自己在家庭中尽量不以自己的意志行事，经常考虑父母的意见。

2. 克服各种依赖心理　任性的中学生往往依赖性较强，在遇到困难的时候常常采用两种策略，一种是依赖他人，另一种是听天由命。所以，中学生要想改变自己固执任性的不良习惯，就必须有克服依赖他人的思想准备，要面对困难，树立向困难作斗争的准备和勇气。自己的事自己做，不要事事让父母包办代替。

3. 自己的事自己做　中学生内心中常常蕴藏着一种生长、求知，争做一个能干者的愿望，所以中学生要积极地参加各种社会活动，并在活动中增长能力和独立性，逐步学会自己的事自己做。

4. 不以自我为中心　中学生的任性是由于父母和子女之间一种过度的亲子关系所致。中学生在了解了这一点后应客观地认识自己的这一缺点，并从伙伴的言行中认识自己，克服以自我为中心，发展自己个性的社会化，从而克服自己固执任性的毛病。

二十、个性不要太强

有些中学生的个性太强，这不是一件好事，它往往具有许多弊端。如有的中学生不论是考虑问题还是处理问题，都以自我为中心，总认为什么都是自己对，别人都不正确，常常把一些小事搞成大事，把大事搞成坏事，经常与同学争吵不休，有时为一件小事而大动肝火，甚至大打出手，其结果是与同学的关系搞得十分紧张。个性太强还表现主观、任性、急躁，对自己的能力常常有过高的估计，好胜心强，听不得任何不同的意见，尤其是不能听批评意见，必须加以克服。

1. 提高认识　认识个性强并不是一个人具有能力的表现。恰恰相反，由于一些人的个性太强，容易激动和失去理性，处理问题草率、偏激，常与同学发生无谓的争端，伤害同学的自尊心和感情，引发各种矛盾，妨碍良好人际关系的建立，这样对人对己都是不利的。

2. 三思而后行　中学生要想克服自己个性太强的毛病，就要养成三思而后行的习惯，在听到反对意见时，应当冷静地想一想，心平气和地分析一下别人的意见，考虑一下是否有道理，正确地对待别人的意见，即使是别人的批评伤害了自己的自尊心与感情，也要克制自己，不要与别人发生冲突。这样处理起问题来，就理智得多。

3. 及时消除不良情绪　当自己听了不同的意见时，可以采取以下方法来转移自己的注意力，以消除不良情绪。如立即离开使自己发怒的现场，摆脱烦躁而激动的心境，或者暂时回避一下，这样可以避免矛盾激化，有利于不良情绪的消除。还可采取自我暗示的方法，以自我意志来抑制和减低情绪反应。当自己控制不住要发脾气时，可以暗示自己"镇静"、"着急无益于问题的解决"。这样就能使自己的心境平静。

4. 学会忍耐　中学生要克服自己个性太强的毛病，就应当学会宽容别人，尤其对非原则性问题要善于让步，得礼让三分，即使是原则性较强的问题，也应当以理服人。在坚持原则的前提下，理智地、实事求是地解决问题。

二十一、自卑的调适

自卑感是一种性格上的缺陷，主要表现在对个人能力和品质评价的偏低。这种不良的性格常常使中学生感到自己处处不如别人，并感到别人看不起自己，因此经常退缩不敢竞争，不敢与人交往，丧失了进取心。其最终结果往往是压抑自己，埋没才华，使自己的潜能不能释放，导致学业上的失败。所以，中学生应当战胜自卑心理，成为一个自信的人。

1. 改变认知　中学生要想战胜自卑心理，就要改变对自己不正确的评价，客观对待他人对自己的各种评价，充分地认识自己，肯定自己的长处和优势，改变对自己不正确的认知。对于他人对自己一时一事的评价，应当正确对待，但不能作为评价自己的指标，因为别人的评价并不都是完全正确的。中学生要注意不可因别人的过高评价而沾沾自喜，也不可为有人评价过低而否定自己的过人之处。

2. 树立自信心　一个具有自信的人，认为自己是美的、善的、能够成功的人，他才会去拼搏、去争取。自信是成功的基石，如果一个人连自己都不信任，就很难取得成功。一个充满自信的人，在任何地方都把自信沉浸在生活中，并磨练自己的意志。

3. 制定目标　中学生为了防止自卑，就应当重新制定自己做人的标准。因为一个自卑的人，一般比较敏感脆弱，经不起挫折的打击。如果对自己的期望值过高，目标定得太大，就容易受到挫折，从而导致自卑感的增加。所以，中学生要克服自卑感，凡事不应当抱有太多的奢望，要知足常乐。如果自己的目标较高时，可将其分解成为易于完成的几个小目标，通过每个小目标的实现来不断地激励自己，提高自己的自信心。

4. 应用积极的心理防御机制　自卑感较强的中学生，应当建立积极的心理防御机制，在自己受到挫折时，不要气馁。可应用各种心理补偿机制，来修复心理的创伤，减轻挫折感，弥补因失败而带来的自信心和自尊心的丧失。如“失之东隅，收之桑榆”，“勤能补拙”都是努力升华、积极补偿的防御机制。另外，还可以进行积极的自我暗示和鼓励。尤其是中学生面临自信心不足、心情紧张时，一方面可以通过深呼吸使自己快速平静下来，另一方面可以通过自我暗示来增强勇气，要告诉自己我并不比别人差。此外，抱着豁出去的想法，闯一闯的心理去从事自己的活动，从而减轻自己的思想负担，增强信心，使自己的能力得到充分地发挥，以实际行动证明别人能够做到的事自己也能做到。

5. 大胆去做　中学生要想去除自卑感，就要无论做什么事，都敢于去做。没有一个“敢”字，就谈不上自信心的确立，敢于去做就容易取得成功。并在做事的过程中消除自卑感，使自信心逐步确立，摆脱自卑感的羁绊。

二十二、克服偏激

所谓偏激就是过火，是指个人的意见或者主张超过了适当的程度。这是由于中学生对自己的行为盲目自信或者主观偏执而导致的情绪和情感失常的一种心理状态。

中学生由于其个性上的不成熟，不能够有效地驾驭自己的情感，不能时刻保持清醒及理智，常常以感情代替理智，导致自己行为的失态。另外，由于思维上的不成熟，看问题缺乏辩证的观点，对问题缺乏全面的了解和客观的分析，往往造成认识上的片面性和行动上的盲目性。还由于中学生的意志力薄弱，容易受到外界的刺激和干扰或者是不良环境的影响，因此常常在情绪冲动时出现自己失控的行为，造成“事与愿违”的后果。

偏激者看问题及看形势往往片面，在是非面前感情用事，看问题极端，不是看得一团糟，就是好得不得了；不是一味地肯定，就是一味地否定，结果是处理问题常常走两个极端。因此，情绪易激动及偏颇，行为易冲动而盲从，处理问题难以把握分寸，遇刺激容易失去控制。偏激妨碍中学生的心理健康，对此应当加以矫正，克服偏见。思想偏激的中学生容易对现实理想化，他们往往脱离实际去要求人或事，对其求全责备。如要克服偏激，就要认识自己在看问题上的偏见，学会全面地看问题，客观地分析及处理问题，要站在对方的立场上设身处地地为别人着想，看问题不要只看到一点，而不看全面。要用辨证的观点去看问题，既要看到黑暗的一面，也要看到光明的一面，这样可以有效地克服偏激。

要学会控制自己的情绪，遇事提醒自己要冷静、沉着，三思而后行，不要感情用事，不要急于作出反应。要学会等待，等时机成熟时再行动。要善于自我调节，培养自己乐观向上的精神，不为眼前的成绩而得意忘形，不因为小事而伤害感情，经常自我暗示，告诫自己“沉住气”，“要耐心”，使自己保持良好的心境。还可以让自己的亲朋好友时刻提醒自己，开导自己，消除偏激。

二十三、学会科学用脑

在中学生中，常会发生这样一种奇怪的现象：有的学生整天不离开教室，吃完饭就往教室跑，晚上还开夜车，学习成绩却不好，而且还常感到头昏脑胀。相反，有的学生并不十分用功，下课就往教室外走，不肯多待一分钟，篮球场、乒乓球室他都是常客，唱一首好歌，小提琴还拉得不错，一句话，就是这些学生给人的印象是爱玩，但是这些学生成绩很好。原因就是这些学生学习方法好，即会科学用脑。

要想学会科学用脑，必须了解大脑工作的特点。心理学家研究表明，脑神经细胞之间互相连接，构成一个的网络，每一种事物的刺激，都会在这个网络形成一个个兴奋点，并通过网络接受、储存、加工、传递、发放。每一个兴奋点都不是孤立的，而是相互影响、互相作用的，使脑子里架起了四通八达的环路，从而使人们有可能举一反三，触类旁通。那些多才多艺、学习成绩好的学生，就是能将他们从文艺、体育中得到的知识、技能转移到学习中去。

大脑是人体最容易疲劳的组织，它既有巨大的学习潜力，也十分容易受到损伤。大脑处于疲劳时，生理上表现为感觉迟钝，动作不协调、不准确，肌肉痉挛、麻木等；心理上表现为注意力不集中，思维迟缓，反应速度降低，尤其突出的是情绪的躁动、忧虑、厌烦、倦怠，甚至感到无聊等。在大脑已经做出疲劳反应的时候，即使花很长时间学习，效果也不会好。这就是那些搞疲劳战术，但学习成绩并不好的学生失败的原因。

科学用脑应做到以下几个方面：

1. 要善于抓住黄金时间　心理学研究表明，人在一天中各段时间的工作和学习效率，与身体的体温有密切关系。即使身体非常健康的人，体温在一天中也要升降1.3℃左右。体温的升降反映了人们体内新陈代谢的进行情况。研究表明，不是所有人的新陈代谢的高峰期都出现在一天中的同一时间段内,而是有的人出现在早上,有的人出现在晚上,还有的人出现在整个白天。

(1)早上型:这种人一早醒来精力就非常充沛,接近中午时精力渐趋衰退,到晚上感到精疲力竭,无法进行学习。

(2)晚上型:这种人早上迟迟不愿起床。整个上午无精打采,做不了什么正经事情。可是到了下午渐渐精神起来,晚上就精神十足,这时学习和工作状态极佳,而且这种状态可一直持续至深夜。

(3)白天型:这种人早上和下午精神都很好。不过中午必须休息一段时间。晚上的学习和工作效率一般不如白天。

中学生应当善于判断自己属于何种学习类型的人,然后在这段黄金时间内一开始就集中精力学习,而不要先做整理书桌之类的琐碎事情;先考虑一些重大的需要做决策的事情,而不宜先坚持完成日常的事务性工作。当人们精力饱满时,脑下垂体就会影响内分泌系统,血液中肾上腺素增加,血管扩张,血糖增加,新陈代谢过程加快,整个神经系统的兴奋水平提高,应急能力加强。在这种最佳状态下进行学习时,其效率自然比一般情况下好得多。如果情绪不佳时,不要硬着头皮看书,这个时候最好是收起书来,去干一些别的事情,或者到户外散散步,听听音乐,或者小睡片刻,然后再学习,就会使效率倍增。

2. 劳逸结合,形成良好的作息起居习惯　从心理学上来说,安排合理的学习、劳动、课外活动、进食、睡眠、休息的时间顺序,到什么时间就做什么事,该学习时就集中精力学习,到吃饭时间就按时就餐,到睡眠时间就及时上床,天天如此,就会养成了一个良好的习惯,不仅能减少脑细胞消耗,而且能调节大脑各个区域的活动。睡眠可以补偿体力和脑力的消耗,可以使机体得到休息和补充营养的机会。根据科学要求，中学生每天要保证 8 小时左右的睡眠，才能有充足的精力完成一天的学习任务。

3. 适当加强营养　脑力劳动若没有足够的热能补充，疲劳就会很快出现。早餐和午餐吃饱、吃好很重要。

4. 其他　培养广泛的学习兴趣，学习自己认为最感兴趣的知识。

心理专家认为，人不可能经久不息地对外界的一切刺激都发生反应，人对刺激物的反应是经过选择的。某种刺激物被选择出来以后，就排除了人对其他刺激物的反应，表现在心理活动上，就是对这些选定的刺激物长时间的注意，以及注意力高度集中，而且不感到疲劳。

二十四、克服厌学情绪

在紧张的学习过程中，一些中学生非常容易出现厌学情绪，突出的表现是对学习无兴趣、学习效果差、心情烦躁、情绪悲观。这是由于学习到一定程度而出现的“饱和”状态，这时只要耐下心来继续学习，或是变换一下学习内容和理解角度就可以克服。具体作法如下：

1. 明确学习目的，端正学习动机　人在完成任何一项任务时都有一定的目的，目的明确才能有动力。学习目的是指学生完成一定学习任务的结果，而学习动机则是促使学生达到一定目的的动因。一些学生对学习的目的认识还模糊肤浅，如考好成绩是为了自己光彩、家长高兴，或者只是得过且过，只要在老师及家长面前能蒙混过关就行，这都会造成厌学情绪。如果明确学习目的，端正学习动机，立大志，不但不会厌学，而且会感到要学的东西太多太多。如果中学生认识到没有学识和技能的人是无法立足于社会、服务于他人的，就一定能克服目前的困难，抓紧时间学习，这样厌学现象会很快消除。

2. 不断培养学习兴趣　学习兴趣在考生的复习过程中，起着十分重要的作用。带着浓厚的兴趣去学习，实际上是一种莫大的乐趣和享受，而且在学习过程中，随着基础知识的巩固和不断扩大以及成绩的提高，往往使中学生得到初获成功的喜悦，在这种情况下再进行学习，可产生意想不到的效果。

二十五、解脱考试恐惧心理

近年来，各类考试中学生的非智力因素（注意力、意志、情绪、气质等）对考生成绩的影响已经越来越引起人们的重视，很多人试图从心理学的角度解释考生中出现的问题，并指导考生正确对待考试，发挥正常水平。在考试时，考生中最易出现的心理问题有自卑、焦躁、心情抑郁、情绪紧张、挫折感强烈、懊悔、自责等，这些心理问题如果处理不当，可能给考生带来一些不必要的影响。

1. 考试前的基本准备　要想在考试中考出水平，系统全面地复习所学知识是第一要素。切不可抱侥幸心理，扎实的知识准备是取得考试胜利的基础。做好知识准备后，还要准备必要的文具，如钢笔、铅笔、橡皮、墨水等；安排好考试期间的食宿、交通工具。考试前应注意适当休息，合理补充营养，保持良好的身体状况，使考试前身体、心理素质都处于最佳状态，以便在考试中发挥最佳水平。

2. 克服怯场心理　怯场心理在考生中或多或少的存在，怯场心理在进入考场后一般都能消失，但个别同学在进入考场很长一段时间后，仍不能消除紧张和胆怯。因回忆不起要答的内容而急得满头大汗，满脸通红。本来很熟悉的知识，这时完全记不起来了，越急越想不出来，有的心怦怦乱跳，手都颤抖起来，甚至突然晕倒。这些心理现象，轻者叫怯场，重者叫晕场。这些都源自对考试的恐惧。

从心理学角度来看，怯场常是由于回忆受到了紧张情绪的干扰。学生在考试时，往往担心考不好会影响自己升级、升学，甚至怕影响个人的前途和命运等。这些杂念以及由此引起的情绪波动和紧张心情就造成了一种压力，阻碍了回忆的正常进行。紧张心情和情绪波动之所以能起干扰作用，从生理学方面来看，是由于大脑皮质的神经活动过程产生了负诱导，引起抑制而妨碍了回忆。但是，人在心理紧张面前也不是无能为力的，心理紧张是可以克服的。心理学家对此提出了一些做法，中学生们不妨试一试。

(1)转移注意：当意识到自己已经出现怯场现象时，最好是转移注意，停止强行性的回忆，过一段时间，等抑制解除后再进行回忆，答案就可能想起来了。转移注意的办法很多，最常采用的是选择那些自己最有把握、较简单的题目先做，这样可以消除紧张情绪，增强自信心。此外，也可以安静下来，伏在桌子上休息片刻；或想一件有趣的事；或默默地唱几句熟悉的歌曲；或默默的数数，从1到100……这些方法都可以对紧张心情起到一定的缓解作用。

(2)联想：怯场时要采取有效的回忆方法，有意识地去利用联想。

①关系联想。由于事物的其他种种关系而形成的联想，统称为关系联想，这包括部分与整体或种属关系的联想、因果关系的联想，如回忆一个英语单词的词义，可以通过回忆含有这

个单词的整个句子而想起来。

②对比联想。由某事物想起与具相反的事物，这种联想即对比联想，如由黑暗想到光明，由白想到黑，由善想到恶，都是这种联想。例如，要回忆哺乳动物的特点，不妨将鸟类的特点与之对比，通过对比，就很容易把所有的特点都回忆起来

3. 战胜懊悔心理　考试中的失误在所难免，但个别同学很容易因考场中的偶然失误产生懊悔心理，最终导致考试失败。

懊悔是对考试中错误或不足之处的追悔。有的同学认为自己某道题、某门功课考砸了，再考下去也是白费力，对剩下的考试信心不足，有的干脆放弃，这是十分不可取的做法。

在没有得到最后分数之前，每个考生在整个考试中得分处于何种水平都还只是一个未知数，放弃考试就意味着机会的全部丧失。为了避免无谓的懊悔心理，考生应做到如下几点：

(1)考后不议论上一次考试内容，不对题，不讨论。

(2)考后立即准备下一次考试，将已考完的情况全部忘记。

(3)自我安慰，增强信心，自己在心里给自己打高分，增强下次考试的信心。

(4)总结教训，避免错误重犯。战胜懊悔心理坚持到底，是每个考生夺取最后胜利的保证。

二十六、考试前要兴奋起来

如果在考试时激不起最后一搏的劲头，多日辛苦汗水就要化为云烟，这是非常令人可惜的。所以，在考试前调整好自己的兴奋点，以饱满的精神状态去迎接考试是非常重要的。

有些中学生在考试前表现为神经抑制状态，头脑发木，心理上表现为意志倦怠，没有信心。造成这种现象最主要的原因是中学生过于疲惫，大脑接受的信息过多，负荷过重，导致大脑的一种保护性抑制，心理上已处于对信息排斥的状态。

使考前兴奋起来应从以下几方面做起：

1. 提高信心，考前自我动员　信心往往是成功的一半，考前应激励自己树立起必胜信心，这样就可全力拼搏。每次在复习开始时可以默念几句："我一定能记住，我一定能学会。"这样的心理活动可反映到大脑中，使其主动地接受信息，考前兴奋状态使我们对自己有信心，考试时可超水平发挥。

2. 劳逸结合，适当休息、娱乐、锻炼　有许多中学生为了在临考前争取时间，舍弃了所有爱好，废寝忘食地复习，从表面上看争取了时间，但实际上却事与愿违。这种一味重复的紧张复习，给身心带来了无尽的疲劳，精力不够用，精神不集中，学习效率下降。临近考试时往往会出现一些躯体的不适，难以坚持复习，这种状态自然不会取得好成绩。只有适度调节，使自己生理上和心理上均处于一种兴奋状态，才能在考试中取得好成绩。

3. 考前兴奋点调整　中学生考试前的情绪对于考试成绩来说是非常重要的，饱满的精神状态可以使中学生取得满意成绩。中学生可以在考前 21 天调整自己的生物钟，强化兴奋点。如果能预先知道考试的时间安排，在复习时就应有意识地将复习时间与考试时间合拍，如语文安排在上午考试，那么就尽量在上午复习语文。一般人在吃饭后一小时内不会兴奋，家长应该控制好吃饭的时间。另外，有午睡习惯的中学生，也应观察一下，自己起床后多长时间头脑开始清醒，以便确定进考场前什么时间起床。有的学校在考前放假一段时间，让学生回家复习。中学生独自在家，不能形成群体应试的氛围，不容易紧张起来，对于这种情况，家长可以有意识地帮助孩子进行自我训练，如每天做套题，安排好时间，严格按考试程序进行。家长还可以在一旁监考，人为地创造出一种考试的气氛，经过一段时间的训练，孩子上考场后会迅速进入状态。

第七章　青春期性知识

周恩来总理曾经说过:“让青年懂得生理卫生知识很重要。女孩子有月经以前,男孩子在遗精、发生手淫以前就应当有这一方面的知识……有人怕介绍这些知识反而学坏了。会有这种情况,但总是少数,要相信大多数。”经过广大教育工作者的长期努力,目前“谈性色变”的现象毕竟明显减少了。但是,仍然有些人在这一方面觉得“难以启齿”,给性知识的普及工作带来了很大困难。实际上,性知识同数学知识、语文知识、外语知识、生理知识、健康知识、心理知识等一样,是一种人们必备的科学知识。懂得必要的青春期性知识,对于中学生的健康成长具有重要的意义。

一、青春期的含义

人的生长发育经历婴儿期(0～1 岁)、幼儿期(1～6 岁)、童年期(6～10 岁)、青春期(10～18 岁)、青年期(18～25 岁)等几个重要的时期。其中,青春期是生长发育过程中最重要的时期。从小学五、六年级到大学一、二年级的学生大都处于青春期。如果我们在青春期能够保持身心健康,将为此后的终身健康打下良好的基础。

1. 青春期的特征　青春期是从童年走向成人的过渡时期。这就决定了青春期既区别于儿童,又区别于成人的一些特点,具有自身特殊的规律性。

(1)处于青春发育期的中学生经历着身心急剧的发育和变化。他们的身体形态、功能、情绪、态度、价值观、智力、与父母的关系、与同伴的关系、自由与责任等各方面都有变化，都在发展。这是青春期的主要特点。

(2)处在青春期的中学生在教育方面表现出更大的可塑性。如果能在德、智、体、美、劳等方面发展得好，将来可成为祖国建设的栋梁之材。否则，也很容易受到不良影响，成为家庭、学校和社会的负担。

(3)青春期中学生身体健康状况比以往任何时期都要好。这一时期，他们的发病率较低，很少到医院看病，感觉生、老、病、死等问题是距离他们非常遥远的事情。有时即使有了某种身体方面的不适，也不愿意去医院看病，尤其是遇到某些性卫生方面的问题时，更不会主动去找医师，通常也不愿意与成人交流诸如此类的问题。

(4)青春期中学生往往会存在一些身心发育方面的困惑而影响身心健康发展。由于迅速的身心发育，他们大都对自身的急剧变化产生某种困惑，有时会有各种各样的疑问，他们一般又不愿意找家长、老师去谈，日积月累会形成心理压力或心理障碍，这将会对他们身心健康产生严重的负面影响。更有甚者，容易导致吸烟、酗酒、吸毒、暴力、自杀、犯罪、怀孕等恶性事件的发生。

绝大多数中学生都是可以健康、安全地度过青春期的。即使某些中学生可能会遇到一些暂时的困难，经过家长、老师和社会的帮助，加上自身的努力，也能够得到矫正和修复，获得健康发展。

2. 青春期男生　进入青春期的男生首先是身高突增，下肢骨骼快速增长。这时家长要切实保证他们的营养均衡和适度的体育活动。其次是体重的增加，这源于骨骼、骨骼肌、内脏重量的增加，一个人的肥胖与遗传有关，也与热能的积累与消耗有关。

他们最为关注的生殖器官开始有了变化，睾丸开始发育增大，阴茎也开始长粗长长。15 岁以后，阴茎和阴囊进一步增大，阴囊颜色变深，阴茎头更充分地发育，直至外生殖器的形状和大小呈成年型。在某一个夜晚会出现遗精现象，这说明睾丸开始有精子生成，开始具有了生育能力，男孩子已经长大了。睾丸是男性生殖系统中的最重要的器官，它可以产生精子，还可以分泌雄性激素，促使身体出现第二性征，即区别于女性的形态特征。

在阴茎的根部会有阴毛出现，随着年龄的增长，阴毛会由细软变为粗硬，范围会扩展到大腿内侧和小腹处。腋毛的出现一般比阴毛晚一年左右。由于男性体内也会有极少量的雌性激素产生，所以有 1/3～1/2 男生的一侧或两侧的乳房出现硬结，并伴有轻微的触痛感，这种现象持续数月后会自行消失，对此不必忧虑。此外，男生在青春期，喉结逐渐增大，声带增宽，声调变粗，发音低沉，胡须逐渐长出，这是最明显的外在表现。当然还有一点是肩宽在增加，使其体形呈“扇子面”的身材，穿起西装会显得很帅。

3. 青春期女生　进入青春期的女生，首先会注意到自己开始长高、长胖。由于人体全身骨骼的增长速度并不完全相同，因此骨骼框架会发生变化，她们会发现自己的腿要比以前显得修长。体重的增加与骨骼的增长有关，也与肌肉和皮下脂肪的增加有关，皮下脂肪的分布以乳房、臀部、上臂内侧等处为多，皮下脂肪的增长是持续的，有时甚至达到过胖的程度。这种情况一定要引起注意，为了避免以后不必要的减肥投资和节食的痛苦，这时一定要保证收支平衡，也就是热能的摄取要与其消耗相等。

乳房的发育是女性青春期出现的最早标志。从10～13岁开始发育，先是乳头突出；二三年之后内乳腺增生，里面的脂肪、血管增多，使整个乳房凸起；乳晕(乳头四周的棕色圈)逐渐增大、明显，整个乳房充分发育。四分之三的女孩，直到16～19岁才发育得与成年人相差无几。两侧乳房的发育有先有后，大小也可不对称，这是正常现象，在进一步成长发育时通常可自然消失。

阴毛的发育一般稍后于乳房发育，起先外阴处开始有细茸毛分布，而后在阴阜和阴唇两侧有浅色的阴毛稀疏地生长，逐渐地阴毛开始变深、变粗和卷曲，逐步增多，最后达到成年人程度，形成一个倒三角形。

通常在女性副性征出现前阴道和外阴就开始变长，一直持续到初潮期后。阴道上皮增生变厚，约在初潮前的一年，阴道液由中性变为酸性。前庭大腺开始分泌，这会使阴道变得润滑。阴阜由于脂肪的堆积而变丰满。小阴唇增大，表面的细皱纹更加明显。大阴唇变肥厚并有色素沉着。

月经来潮是青春期发育到中期时必然出现的生理现象，为正常女子发育中独有的现象。月经初潮时卵巢的功能尚未发育完全，亦不稳定，约在一年内才逐步按月来潮。我国女子的月经初潮年龄波动范围一般在10～16岁间，在经济发达地区最早的为8岁。

二、男、女生殖系统解剖知识

中学生正处在青春发育期，生殖系统发生了明显的变化。

对于这一方面知识的了解，有助于健康、安全地度过青春期。

1. 人体生殖系统的特点　人体生殖系统是专司繁衍后代的器官。它与人体的其他系统相比，具有自身的特点：

(1)生殖系统关系种族繁衍：生殖系统虽然对个体生命并没有存在的绝对必要性，但对人类的存在是绝对必要的。其他系统对于人体生命的存在具有绝对的必要性，在消化、呼吸、循环、泌尿、神经等各系统中，任何一个系统功能的完全丧失，都会导致生命的完结。生殖系统则不然，生命并不因为生殖系统的器官和功能的完全丧失而终结。然而，生殖系统对于人类的存在，对于种族的繁衍，则是绝对必要的。没有生殖功能，人类将不复存在。

(2)男、女生殖系统存在着明显的差异：人体其他系统在男女之间，虽然存在着量和力的大小差别，但却不存在质的差别。然而，生殖系统在男女之间却完全不同，不仅生殖器官的形状、大小不同，其结构和功能也不一样。

(3)男、女生殖细胞相结合才能完成生殖功能：人体的每一个系统都能独立完成自己所肩负的使命。然而，无论男性还是女性，都不能单独完成生殖系统的功能，而必须与异性个体的生殖细胞相结合，才能实现生殖功能。

(4)生殖系统在青春期发育成熟：人出生后，随着年龄的增长，其他系统都在逐渐生长发育，在青春期，它们的生长发育会更快些。人类出生后的第一个十年中，生殖系统生长发育十分缓慢，而一旦进入青春发育期，生殖系统就开始了突飞猛进的发育历程，而且与其他系统相比，在相对较短的时间内就达到了成熟的水平。

2. 男性生殖系统　男性生殖系统包括睾丸、附睾、阴囊、输精管、精囊、射精管、前列腺、阴茎等器官。睾丸是包在阴囊里面的，阴囊、阴茎都是露在体外的部分，所以把它们叫做外生殖器。其余的器官都藏在下腹腔内，所以叫做内生殖器。

(1)睾丸：睾丸是一对卵圆形的内分泌腺体，是男性的性腺。睾丸有许多弯弯曲曲的管子，叫精曲小管。人类的男性生殖细胞——精子，就是精曲小管的上皮细胞产生的，这是睾丸的一大功能。睾丸里还有一种间质细胞，能分泌雄性激素，这是睾丸的另一大功能。这两项功能确定了男性的特征。新生儿的睾丸有花生米大小，幼童的睾丸增长到麻雀蛋大小，到了成年，就有如鸽子蛋大小。一般左侧的睾丸比右侧的大一些，也比右侧低一些。睾丸表面有一层光滑的膜，在阴囊里可以自然滑动，因此在剧烈运动时，也不至于受到损伤。

(2)阴囊：阴囊在阴茎的后面，肛门的前面，表面皱褶很多，呈褐色。在皮肤的下面还有一层很薄的肌肉。肌肉收缩的时候，阴囊就会自然地紧缩变小，皱褶也就加深了。阴囊腔分为左右两个，里面有一层光滑的薄膜，包裹着睾丸和附睾。阴囊对睾丸有特殊的保护作用。因为睾丸很娇嫩，既受不了寒，也不耐热。人体的温度是37℃，在这种温度下，睾丸既不能生长发育，也不能产生精子。而阴囊恰恰给它创造了适宜的环境。阴囊皮肤的伸缩性很强，温度高了，它可以舒张，增加散热；温度低了，它可以收缩，减少散热。舒张时与收缩时的体积可以相差1～2倍。它是一架天然的恒温机，保持阴囊内温度恒定。而且，它所保持的恒温要比腹腔内低2℃～4℃，最适宜于睾丸发育和产生精子。

(3)附睾：睾丸的上后侧面，附着一个扁形的附睾，它是由多数曲折、细小的管子构成的，它一面连接着输精管的起端，一面连接着睾丸的精曲小管。精子离开睾丸后，就在附睾里停留5～25天，继续地生长成熟。附睾、精囊和前列腺都能分泌一些粘稠的液体。精液就是由这些液体和精子组成的。射精管和尿道是精液流出体外的通道。

(4)输精管：附睾的许多管子归到一个总的管子，这个总的管子就是输精管。输精管左右各有一条，自附睾起向上沿着腹股沟部(腹壁和大腿根部曲折的部分，在这里容易摸到圆柱索状的管子，就是输精管)，通过腹壁到腹腔里，然后向下曲折到膀胱的底部，这时左右两侧的输精管相互接近和同侧精囊的管子合并成为射精管，经过前列腺，通到尿道里。输精管为什么不在附近直接通入尿道而要走这样曲折的路线呢？这是因为在发育的过程中，睾丸原来不在阴囊里，而是在腹腔后面肾脏的附近。这时候，输精管是自上而下通进尿道的。但在生长的过程中，由于睾丸逐渐下降，穿过腹壁进入阴囊，这样就产生了输精管的曲折道路。有的人在出生以后睾丸没有降到阴囊里，而是停留在下降的路途上，这种情况称为隐睾症。

(5)精囊：精囊也有两个，前后略扁如囊状，位在膀胱底部，直肠的前面。精囊的功用，主要是分泌一种胶状的液体，是精液的组成成分之一，有促进精子活动的能力。

(6)前列腺：前列腺是一个形似核桃大小的分泌腺，它长在尿道根部的周围，比精囊靠前一些，有导管通进尿道。它能分泌一种乳状液体，射精的时候，前列腺液、精囊液、附睾和输精管里的精子及尿道球腺的分泌液(尿道球腺是两个小的腺体，在尿道上段的两旁，腺体的导管也通进尿道)一同通过尿道射出体外，这就是精液。所以，精液是由精囊、前列腺、尿道球腺的分泌液加上精子共同组成的，前列腺液有促进精子活动、供给精子合适的环境和营养的功用。

(7)阴茎：阴茎是一个圆柱状的器官，平时绵软，垂在阴囊的前面，它的外面有一层疏松的皮肤包裹着。顶端的皮肤可以翻上去，叫做包皮。阴茎顶端被包皮所包裹的部分稍粗，叫做龟头。龟头与茎部交接的部位有一个沟，叫作冠状沟。龟头的顶部有一个孔，就是尿道口，尿道顺着阴茎中间的管子尿道上通膀胱。前列腺和精囊的导管都通入尿道。阴茎的组成部分类似海绵，因此叫阴茎海绵体。它的根部附着在耻骨上。海绵体的空隙充血时，阴茎就增大、变硬，这种现象叫做勃起。

3. 女性生殖系统　在生育功能上，女性承担着妊娠、分娩和喂哺婴儿等复杂的任务。因此，她的生殖系统在构造和生理上，都比男性的复杂得多。女性生殖系统包括阴阜、阴唇、阴蒂、处女膜、阴道口等外露的部分和藏在腹腔下端的子宫、输卵管、卵巢和阴道等内在部分。

(1)阴阜：阴阜在耻骨前方，是由脂肪组织形成的隆起部分。上连腹壁，下与大阴唇连接，成年妇女的阴阜上阴毛丛生。

(2)大阴唇：大阴唇是由阴阜分向两侧隆起的脂肪组织，环绕着阴道口，两侧后端在肛门前方会合。表面为皮肤所遮盖，外侧有阴毛。大阴唇的下端每侧包含着一个小腺体，叫做前庭大腺。每个腺体有一个导管，导管在小阴唇内侧、处女膜的旁侧开口。性兴奋时，两侧腺体的分泌液就由导管排出，滑润外阴。

(3)小阴唇：在大阴唇的内侧，左右各一。它是一对皮肤的皱褶，色褐，大小因人而异，表面很多皱纹，感觉灵敏。

(4)阴蒂　阴蒂是一个能勃起的小柱状器官，在两侧小阴唇上端联合处的下面。感觉神经非常丰富，是女性生殖器官中最敏感的部分。

(5)处女膜：在小阴唇的内侧正中，有一个环状的粘膜组织环绕着阴道口，这就是处女膜。正常的处女膜中央有一个裂口，经血就由处女膜孔流出来。有很少的人处女膜是无孔的，这是不正常的现象。如有这种情况，应该进行手术治疗，否则到了青春期，经血不能外流，将要造成阴道和子宫的经血潴留。

(6)尿道口：在阴道口的上方、阴蒂的下方有一个小孔，就是尿道的开口。女性的尿道很短，在阴道的上方，和阴道平行，它连通着膀胱。

(7)阴道：阴道是一个连接子宫和外阴部的管状器官，有8～10厘米长，它的伸缩力很强。阴道壁是粉红色的，多皱褶。平时前后壁贴在一起，在阴道的顶端，有子宫颈和子宫口露出。子宫颈是子宫的下端。阴道的前方有尿道和膀胱，后面有直肠。阴道有三种功用，它是经血排出的通路，性交的器官，分娩时胎儿经过的通道。

(8)子宫：子宫是一个梨形的、壁厚、有腔的器官。子宫的大小各人稍有不同。新生儿的子宫长2.5～3.5厘米，出生后很快缩小。到5岁时才恢复到出生时的大小。以后慢慢增大。10岁后迅速增大，到月经期前达到鸡蛋大小。成年人的子宫长约8厘米、宽约5厘米、厚约3厘米。子宫表面是由一层光滑的、薄的膜覆盖着，壁的主要部分是由肌肉构成的，下端稍细，叫做子宫颈，颈的一半露在阴道的顶端。子宫的中腔是三角形的，腔膛很小，下端通过颈腔和阴道相通。腔的上端，左右角和输卵管腔相通。子宫腔有一层粘膜覆盖着，叫做子宫内膜。内膜有周期性脱落的现象，这就是月经。子宫的功用有三，即是受精卵生长发育成胎儿的处所；通过子宫的血液循环，供应胎儿生长所需要的营养和运走胎儿的代谢废物；在分娩时，子宫的收缩力量迫使胎儿产出。

(9)输卵管：子宫上端的两旁，各有一个长8～14厘米的管子，这就是输卵管。输卵管的根部和子宫连接着，另一端开着口，开口的部分呈伞状，管腔也有粘膜覆盖着。输卵管是精子和卵子相遇并结合的场所，也就是受精的地方。此外，输卵管还有输送卵子到子宫腔里的作用。输卵管管腔如果封闭了，就会妨碍生育。

(10)卵巢：左右两侧的输卵管和子宫之间的下方，每侧各有一个卵巢。卵巢是椭圆形的，约有3厘米长、1.5厘米宽、1厘米厚。卵巢里有很多的卵细胞，卵细胞虽然是比较大的细胞，但是也需要放大才能看得见。卵巢的功用是产卵和分泌雌激素。这种激素有维持女性特有生理现象的作用。

三、性生理发育过程

男女两性在身心上的特征性差异，最容易观察到的性征是男女两性在内、外生殖器官方面，男子有阴囊、阴茎、睾丸，女子有阴唇、阴道，卵巢等，称为第一性征；男、女躯体上除生殖器以外的其他明显差异，男子有喉结、胡须，女子有乳房、宽大的骨盆、细腻的皮肤等，称为第二性征，也叫副性征。此外，男女两性在气质、性格上的差异，基本上是属于心理学领域的差异，也有人将此称为第三性征。

在青春期，随着内分泌因素的诱导，身体发生许多引人注目的变化，最明显的改变是骨骼生长加速和第二性征的发育。青春期还有一个重大的心理变化就是性欲的出现，并出现多种多样的与性欲有关的心理活动，如怎样去认识爱情及处理性意识、性行为等。

1. 青春期启动　男、女青少年青春期启动的主要特征是迅速的形态变化，出现了青春期生长突增；性器官和第二性征的迅速发育成熟；青春期机体成分的变化；呼吸、循环、肌肉系统的全面发育，导致机体功能增强，力量增大，工作效率提高。

在男孩，青春期启动的最早标志通常是睾丸和阴囊开始加速生长，并伴有阴囊皮肤的变红和出现皱褶，开始有稀疏的阴毛生长。身高突增和阴茎生长平均要比睾丸发育晚一些。

在女孩，乳房开始发育，出现乳房蓓蕾一般是青春期的第一征象。和男孩一样，此时少数女孩就有阴毛出现，但多数女孩阴毛出现稍晚些，同时出现青春期身高突增。月经初潮的出现也是女孩青春期发育的重要标志，但一般发育较晚，几乎都发生在身高突增高峰之后。

2. 体形的变化　在青春期，由于激素刺激、先天因素和后天环境因素相互作用，骨骼的生长速度明显增加，身体长高。女孩最大生长速度的发生年龄在 12～14 岁(多半在第一次来月经前后，身高的增长速度最快)；男孩要迟两年才出现青春期生长突增。女性多数长到 19 岁，至多 23 岁就停止长高；男性则一直要长到 23 岁，个别可到 26 岁身体的高矮才成定局。青春期下肢骨骼增长很快，成了决定身体高矮的关键性因素，不过它的长势不长久；脊椎骨的增长速度远不及下肢骨，但它的长势比下肢骨持久。所以，人的身高在十七八岁以前主要靠下半身，十七八岁以后全靠上半身。

此外，在青春期人的体重也和身高一样迅速增长，反映为内脏增大、肌肉发达，并出现第二性征。

3. 男性的性成熟

(1)睾丸的发育：青春期前，男孩的睾丸容积是 1 毫升～8 毫升，而成人睾丸的容积是 12 毫升～25 毫升。这种容积的变化，几乎完全是青春期生长和发育的反应。青春期睾丸开始发育、增大，睾丸内逐渐有精子生成(18 岁左右可出现遗精)，并由睾丸间质细胞分泌出睾丸酮。随着睾丸酮在血浆中的浓度不断增加，男性生殖器官进一步发育成熟，并逐渐出现第二性征。

(2)外生殖器的发育：男性到 9～12 岁后，阴囊开始增大，伴以阴囊变红和皮肤质地的改变，12～15 岁后，阴茎变长。但周径增大的程度较小，15～18 岁以后，阴茎和阴囊进一步增大，阴囊颜色变深，阴茎头更充分地发育，直至外生殖器的形状和大小呈成年型。

(3)阴毛的发育：阴毛受睾丸与肾上腺所产生的雄激素的控制。男性阴毛发育的次序类似于女孩，各个男孩达到一个特定阶段的年龄有明显的区别，而且各阶段的持续时间也有很大的个体差异。

此外，男性在青春期，喉结逐渐增大，声带增宽，声调变粗，发音低沉，并且有乳房硬结出现，胡须、腋毛也逐渐长出。

4. 女性的性成熟　青春期开始，女孩最初出现的身体变化是典型的乳房轻度发育，接着有阴毛出现、月经来潮，其后是骨盆增宽。这些变化确切的发生时间有很大差异。

(1)乳房发育：从 10～13 岁开始发育，先是乳头突出；二三年之后内乳腺增生，里面的脂肪、血管增多，使整个乳房凸起；乳头周边的皮肤呈棕色(称乳晕)并逐渐增大、明显，整个乳房充分发育。四分之三的女孩，直到 16～19 岁才发育得与成年人相差无几。乳房的发育，主要受卵巢分泌的性激素控制，其次受胰岛素、肾上腺皮质激素、甲状腺素等的影响。

(2)阴毛发育：14 岁后有细茸毛分布，但无真正的阴毛存在；第二阶段有浅色的阴毛稀疏地生长，可见于阴阜和阴唇两侧；第三阶段阴毛逐渐变深、变粗和卷曲，但仍是少量分布；第四阶段阴毛具有成年人的特征，但还未达到大多数成年人那种程度；第五阶段则阴毛分布呈典型的成年女性，形成一个倒三角形。

(3)月经来潮：女孩月经初潮早的在10～12岁，晚的可到18～19岁，大多数在13～15岁。月经初潮后的第一年，月经周期常不规则，也不排卵，此后的任何一个周期都存在着排卵的可能性。

此外，女性青春期尚有骨盆逐渐长得宽阔，因而臀部增宽，内、外生殖器官迅速发育等特点。

5. 性早熟　一般认为性早熟是指女孩在8岁以前，男孩在10岁以前，性发育就已经开始，亦有3～6岁就发育成熟的。其表现为生殖系统的提前发育和第二性征的出现。如男孩长阴毛、腋毛、胡须，嗓音改变，阴茎和睾丸增大，有遗精；女孩长阴毛、腋毛，乳房隆起，生殖器官发育或月经来潮。其发生次序常常与正常青春期的发生次序相类似，但也有许多例外的情况，如月经初潮有时可先于乳房发育。性早熟同时伴随身体的发育和生长加速，使身长增高和肌肉发育加快、骨骼提前闭合以及较早地停止生长。所以，性早熟儿童的身体显著高于同龄儿童，而一旦那些同龄伙伴达到青春期时，性早熟的儿童由于较早停止生长，反而显得略为矮小。性早熟的儿童由于身体和其他意识的成熟加速，当他们与身体发育相仿的大孩子在一起时，由于性早熟儿童的身体外形与认知能力或掌握社会的技能之间的不一致性，有时可以产生种种问题。因此，应该对所有性早熟的儿童实施性教育，使他们了解自己的情况，还应使他们的父母认识到性早熟通常并不会促使过早发生性行为。

真性性早熟发生的性别，女性多于男性，女性与男性之比约8∶1。有80%的女性病例和40%的男性病例病因不明，其余病例的病因可因丘脑的性中枢病变，或内分泌因素，或睾丸、卵巢肿瘤。性早熟的儿童需送医院检查治疗。

6. 青春期延迟　青春期延迟是指身高较正常同年龄的孩子矮小，第二性征及性器官成熟程度缓慢。青春期延迟的特定年龄标准目前尚未取得一致意见，但从对性和身体发育的观察，青少年如果比同龄者发育要慢得多，则可以认为是青春期延迟。如男性在 14 岁时睾丸还不发育，或在 16 岁时还不出现骨骼生长突增，女性到了 14 岁乳房还不发育，或到 15 岁还未出现骨骼突增，则可认为是青春期延迟。女性身体和性发育正常但没有月经来潮者，则不能认为是青春期延迟。青春期延迟的男孩，由于不发达的肌肉和矮小的身材，常造成社会心理问题，而女孩这种影响则不明显。

青春期延迟的原因很复杂，有先天遗传方面的因素，也有后天的营养和疾病等因素。

(1)先天因素：①先天体质因素。他们的父母或亲属往往有生长及性发育延迟的情况。一般身高发育和青春期开始，比同龄儿童晚了 3～4 年。②垂体促性腺激素异常。表现为身体矮胖，性器官发育不良。③先天性甲状腺素缺乏。俗称呆小症，除身体矮小外，尚有智力低下。④先天促性腺激素缺乏。主要是性器官发育不良。⑤先天性腺发育障碍。除身体矮小外，常伴有其他先天畸形。

(2)后天因素：是多方面的，它与疾病有直接关系，如血吸虫病、营养代谢障碍、脑炎、脑外伤、脑垂体肿瘤等，均可导致青春期延迟。如发现青春期延迟，要及时就医。

7. 性意识　青春期是儿童向成人过渡的中间阶段，有人把它称为人生历程的十字路口，它既与儿童有别，又与成人不同。贯穿青春期的最大特征是性发育的开始并逐步完成，与此同时男女青少年在心理方面的最大变化，也反映在性心理领域。他们对性的意识由不自觉到自觉，对性对象由同性转为异性，对异性的态度由反感到爱慕，这几乎是每个人必经的历程。但由于在整个青春期中，中学生的情绪多动摇不定，容易变化，如果不注意及时引导，常可使某些中学生滋长不健康的性心理，以致早恋、荒废学业，有的甚至触犯刑法走上犯罪的道路。因此，不论中学生本人家长或老师，均应对青春期的性心理变化有一定了解，才会培养出不仅体格健美而且有健康心理的青年一代。

青春期性意识的发展一般可分为四个时期：

(1)性抵触期：在青春发育之初有一较短的时期，青少年总想远远避开异性，以少女表现得尤为明显，这主要与生理因素有关。由于第二性征的出现，使青少年对自身所发生的剧变感到茫然与害羞，本能地产生对异性的疏远，部分人甚至对异性反感。此期持续1年左右。

(2)仰慕长者期：在青春发育中期，男、女青少年常对周围环境中的某些在体育、文艺、学识以及外貌上特别出众者(多数是同性或异性的年长者)，在精神上引起共鸣，仰慕爱戴、心向往之，而且极力模仿这些长者的言谈举止，以至入迷。

(3)向往异性期：至青春发育后期，随着性发育的渐趋成熟，青年人常对与自己年龄相当的异性产生兴趣，并希望有机会接触异性，或在各种场合想办法吸引异性对自己的注意。但由于青少年情绪不稳，自我意识甚强，因而在接触过程中，容易引起冲突，常因琐碎小事而争吵甚至绝交，因此交往对象常有变换。

(4)恋爱期：青春发育完成已达成年阶段，青年把友情集中寄予自己钟情的一个异性身上，彼此常在一起，情投意合，在工作、学习中互相帮助，生活中互相照顾体贴，憧憬婚后的美满生活，并开始为组织未来的家庭做准备工作。这时的青年对周围环境的注意减少。女青年常充满浪漫的幻想，向往被爱，易于多愁善感，男青年则有强烈爱别人的欲望，从而得到独立感的满足，他们的心情往往较兴奋。

四、如何对待性发育的特殊问题

中学生性发育过程中可能会遇到许多特殊问题，如性吸引、性冲动、遗精、手淫、痛经、性幻想、性梦等。

1. 如何对待性吸引　异性间的吸引力是爱情的一个显著特征。中学生由于对爱情的真正涵义、爱情所含的全部内容缺乏正确的认识，往往容易被异性间相互吸引这一特征所迷惑，误把异性之间的相互吸引，异性之间产生的一些好感，当成爱神的降临，伴之对美好生活的憧憬，就很容易在不知不觉中被假想的爱情引领着，步入一个危险的情网。因此，中学生必须端正对异性吸引的认识，特别是少女在这方面更需要重视。

中学生正值青春发育期，由于性生理的发展和逐渐成熟，性意识开始觉醒。在心理上强烈地意识到男女有别，意识到男女之间交往与同性之间的交往，无论在交往方式上还是在交往的内容上都会有许多不同。因此，会不自觉地产生一种戒备心理，进而又不可避免地对异性产生了一种朦胧的好奇心，渴望了解异性，不自觉就产生了对异性的一种爱恋之情。这时的中学生，尤其是女生开始有意识地修饰自己的仪表，注意讲究自己的谈吐，希望自己能够引起异性的注意，同时也对异性产生好感。他们在异性面前或是表现为热情、兴奋，用种种方式表现自己；或是表现慌乱、羞怯和不知所措，面对这一切，许多中学生感到莫名其妙并表现出极大的不安。科学研究告诉人们，中学生的这种变化都是青春期异性之间相互吸引的表现，是一种正常的心理变化，是有其生理基础的。

但是，中学生也不能因为这是正常的心理变化，就任其自然发展，更不能因为这种由于青春期变化产生出来的异性之间的吸引，当成爱情去盲目地追求，从而坠入情网。中学生面对这种心理变化，必须付诸理智，要自觉地运用道德和法律规范自己的言行，克服头脑中的某些不正当的欲念，用理智战胜感情的冲动，并且不断用丰富多采的文体活动充实自己的生活内容；在与异性接触时，要自觉地将注意力放在学习、思想、工作、兴趣、爱好方面的交流上，同时要注意有意识地扩大交友范围，开展广泛的、正当的男女交往活动，做到为相互学习、相互促进而交往，建立起纯真的友谊。

对于那些已经陷入早恋的中学生，应该下决心使自己尽快摆脱早恋的束缚。

(1)提高思想认识，并在此基础上勇于承认自己的行为是早恋。对此不可回避，回避只能意味着放纵，就会任其发展；更不能找种种借口加以辩护，这样只会越陷越深，最终难以自拔。大胆地、毫不掩饰地承认现实，认识到早恋的危害，才是摆脱早恋情网的第一步。

(2)要当机立断，痛下决心，用理智战胜感情。早恋的双方在感情的交流方面发展得比较快，一旦下决心了断时，会感到痛苦。尤其是想到对方对自己的某些好处时更加犹豫不决，怕伤害对方的感情，对不起对方；怕被斥责为绝情，忘恩负义。对这些应该理智地分析，任何事物的对与错、是与非都是有其客观标准的，中学生要在明辨是非的基础上，学会控制自己的感情，勇于修正自己的错误。既然认识到早恋是不对的，就应该彻底纠正。这样做也许会伤害对方的感情而不被理解，但从长远看，对自己、对对方，都是极其有益的，终究会被理解的。

(3)要努力说服对方，促使对方觉醒，共同用理智加以克制，逐渐淡化彼此间的感情，疏远相互间的关系。

(4)采取积极的措施，把主要精力集中在学习上，发展和深化自己的兴趣、爱好，多参加有益的课外活动，以弥补暂时的空虚，度过冲破情网的难关。

2. 如何对待性冲动　青春期男、女中学生由于神经内分泌调节的变化，尤其是性激素的变化，有时会出现一些性欲望和性冲动。对待性冲动一般应注意以下几个问题：

(1)生活要有规律：每天按时睡觉，按时起床，不睡懒觉，睡觉前应避免过度兴奋。

(2)注意外生殖器的清洁卫生：每天睡觉前应用温水清洗外生殖器，避免不洁净的物品刺激外生殖器。

(3)睡觉的姿势要合适：理想的姿势是侧睡，下肢稍微弯曲，各部分肌肉放松。最好是右侧卧，避免仰卧或俯卧，以减轻对外生殖器的摩擦。

(4)衣被要适宜：被褥不要过暖、过重，内衣裤要宽松，不要过于紧小，使其对生殖器的摩擦减少到最小程度。

(5)积极参加文体活动：使充沛的精力得到有益的发挥。

(6)与异性正常交往：要珍惜异性间的友谊，淡化盲目的性冲动，取得心理上的平衡。

温馨提示：青春期女生更应克服性冲动。

少女的性行为往往与早恋有关。少男少女往来频繁，异性相处，免不了会发生性的欲念。有的天真少女甚至以身相许，认为这是纯真爱情的忠诚表示，往往在意深情浓之时，便越过雷池，偷吃禁果。青春少女的性行为对身体健康危害很大。

少女的性行为影响学习和工作。青春少女正是学习文化与技能的时期，应该把主要精力用在学习上。如果这时去恋爱、去追求性刺激，必然会影响学习，使事业一事无成，耽误了大好的青春年华，以后自己感到知识不足时则悔之晚矣。青春期有性行为会影响婚后正常的性生活。一对少男少女婚前性行为，往往是在男方压抑不住性冲动和女方处在害羞、紧张、恐惧的状态下进行的，彼此都有一定的负罪感，加上双方都缺乏性卫生常识，很难谈得上什么性生活和谐，也极容易造成女方阴道损伤和泌尿系统感染等，给女方身体带来损害。而初交的不和谐，往往会给以后的性生活带来障碍，引起女方在相当长的时间，甚至终身对性生活充满厌恶感。倘若性行为造成怀孕，这更使双方陷入窘迫之中，特别是女方将要承担更多的不幸。她们首先感到自己做了不体面、见不得人的事；为了避免被周围的人或同学发现，精神承受着相当大的压力。同时，为怕人工流产暗中服药自行堕胎，或者偷偷摸摸进行人工流产，弄不好会造成感染，而引起子宫内膜炎、急性输卵管炎、盆腔炎等一系列的妇科病。如果大出血，还会有生命危险。

总之，少女的婚前性行为是非常有害的，甚至会葬送其一生的幸福和健康。奉劝少女们，一定要自尊自爱，珍惜自己的青春年华，以学习为重，抵制他人的引诱，理智从事，关好情欲的闸门。正确认识青春期出现的各种生理变化，如来月经、乳房发育以及性感等，培养健康的性意识和性道德，自觉抵制淫秽、低级、下流的不良刺激，平时不可阅读淫秽的书刊、画报，不要模仿某些影视片中男女做爱的动作。另外，在交友中，要认真选择，不要与那些作风不正、道德品质、思想意识不好的人交往。生活要有规律，上床后不胡思乱想，尽快入睡，早晨不要睡懒觉，不要酗酒。保持外生殖器的清洁，不穿紧身裤，避免摩擦刺激，这样便有助于克服性冲动。

3. 少女怎样抵御外来的诱惑　青少年时期是奠定人生基础的重要时期，处于这个时期的女孩其身心是否健康，在一生中具有重要的意义。在青春期由于生理、心理、认知、知识、情感等方面的发展正处于特殊的时期，外界的各种诱惑往往会牵动着少女的心。这时的女孩普遍鉴别能力差、好奇心强、精力过剩、富于幻想，很容易受到外界的不良诱惑。

(1)客观地认识自己：青春期随着月经的来潮，少女认识到了自己同男孩的区别，以后随着女性第二性征的逐渐形成，如皮肤细腻，乳房隆起，体态丰满，少女视野逐渐开阔。一方面在认识客观世界，另一方面也在悄悄地关注着自己身体的变化，开始欣赏自己，打扮自己，甚至希望以自己美丽动人的外表吸引人们的注意，尤其是异性的注意和称赞。这种念头如果过分地发展，就会使自己成为外界不良诱惑的俘虏。所以，青少年一定要保持清醒的头脑，要认识到靠一个人的外表去吸引人是不长久的，是很危险的，应当抓紧大好时光努力学习，以自己的学识得到周围人由衷的尊敬。

(2)依靠家人，请教师长：中学生在进入青春期后，既有强烈的独立意识，又对家庭及长者的保护有较大的依赖。一些不良的诱惑常常因为中学生的不成熟，爱幻想，易轻信的特点，让中学生落入圈套中，久而久之使他们误入歧途，如果有家人的保护，就可以使中学生少受侵害。

(3)控制欲望，培养理智：正是由于中学生具有较多的欲望，所以中学生才容易受到各种诱惑。因为这些诱惑往往披着一些美丽的外衣，使他们不能认清，这样在欲望的驱使下，可以使他们坠入泥潭。中学生应当有意识地锻炼自己，提高自己的克制能力,这样可以阻止自己满足欲望的想法。增强对理智的培养,提高自己对不良诱惑的抑制力,尤其是当理智处于下风时,一定要克服情感冲动。在日常生活中从点滴做起,培养自己理智处事的能力,使自己明白事理,了解人生,用理智指导自己的行为。如果把理智和克制结合起来,再加上健康的情感,外界的诱惑就不会乘虚而入。

(4)杜绝各种不良的交往:抵御外界的不良影响,增强道德和法制观念,不给外界的不良诱因以可乘之机。

4. 如何对待遗精　男性熟睡时从尿道排出乳白色粘性液体叫遗精。这是一种正常的生理现象。青春期开始后,男孩的睾丸不断产生精子,附睾、精囊、前列腺等不断分泌出各种分泌液。精子和分泌液组成了精液,当精液逐渐积累增多后,就会排出体外。

遗精的间隔时间因人而异。多数是每月 1 次,也有三五天 1 次的,这都是正常的。如果出现间隔一两天或一夜发生几次频繁遗精现象,应该及时去看医师,取得医师的帮助与指导。

5. 如何对待手淫　手淫是指通过自我抚弄或刺激性器官而产生性兴奋或性高潮的一种行为。这种刺激可以通过手或是某种物体,甚至两腿夹挤生殖器即可产生。手淫在青春期男、女均可发生,以男性更多见。手淫是一种自慰手段,是释放性能量缓和性心理紧张的一种方式。对待手淫,正确的态度应该是:

(1)不赞成手淫:中学生正处在长身体、长知识的重要时期,手淫会分散自己的精力。因此,有手淫习惯的中学生应该振作精神,鼓起勇气,避免手淫。

(2)正确认识手淫:有些人认为手淫将使他们身体虚弱、多病;有些人在手淫后产生羞愧心理,认为自己做了见不得人的事情，是不道德的行为。在这种心理压力下，少数中学生精神萎靡，意志消沉，个别人甚至丧失生活的信心。其实，一般手淫对人体健康没有什么危害。人体不会由于丢失少量的精液而导致虚弱，也不会因手淫而得病。奉劝因手淫而造成心理矛盾、心理压力的中学生解除压力，缓解矛盾。最好以自己坚强的意志力戒除手淫。

(3)青春少女更应避免手淫：人们从幼儿至任何年龄都可能有意或者无意地出现一些抚弄外阴的动作，这种现象不叫手淫。只有在通过这些动作以后，男性出现射精，女性得到了性的满足，才能视为手淫。女性手淫多发生于青春期，因为这个时期女子在性器官和第二性征发育的同时，心理上也发生着显著的变化。孩子的稚气逐渐消失，对异性有了好感，开始有了性的要求，随着性器官的发育成熟，从而导致了部分人出现手淫现象。

从医学的角度讲，手淫本身并没有什么危害，少女偶尔发生的手淫行为对身体不会有什么影响。但是，过多的手淫或者以手淫为嗜好，则无论从生理上还是从心理上都会产生一些不良的影响。少女手淫危害主要表现在心理上。在初期手淫后，伴有生理性的快感，往往会发生惊慌、恐惧、不知所措的情趣。好奇心驱使他们到处寻找有关书籍，一旦发现这个行为不好时，会立即产生后悔、羞愧、担心、忧虑心理，产生对手淫的负罪感和恐惧感，这些心理现象成了他们沉重的精神负担。此后，他们会经常处于追求快感的动机与由此产生的自责的矛盾之中，同时强烈持久的性冲动又必然引起头晕、失眠、食欲不振、注意力不集中、记忆力减退等现象，除了这些一般症状外，还可能产生抑郁症、强迫症、精神异常，严重时会损伤心身健康。

由于女性的解剖生理特点，其手淫造成的生理危害也是不能忽视的。少女在手淫时，由于手或硬物的不清洁，很容易将病原体带入阴道、尿道内以致引起感染。

女性尿道长约4厘米，不及男性的三分之一，而且又接近阴道，手淫可以引起尿道口充血及轻微的损伤，病原体能够通过短而直的尿道，很快上行感染到膀胱甚至肾脏。轻的可有尿频、尿痛等不适，严重时腰痛、发冷、发热，如果治疗不及时，会成为慢性炎症，并经常发作。

女性阴道也只有7～8厘米长，正常情况下阴道口是闭合的，起到一定的保护作用。手淫可使阴道口张开，将病原体直接送入阴道，也极易上行感染，引起子宫、输卵管炎症。

性冲动时白带增多，同时阴道口的前庭大腺也会增加分泌液体，这些物质是供给细菌生长发育的良好条件。手淫可把细菌带入生殖器官内，更容易引发炎症。

正常情况下女性阴道内是酸性环境，对防止细菌繁殖起到一定作用。当月经期和月经来潮前后，这种环境有所改变，又为病原体的生长创造了条作，如果在这阶段手淫更容易造成感染。

另外，即使没有直接造成炎症，但在性兴奋的情况下，生殖器官是处于充血状态的，经常处于充血状态时，会使月经过多，造成生殖器官发炎。至于有些人在手淫时还将硬物放入阴道内，这不仅增加感染机会，有时还能造成损伤。

因此，青春少女要妥善安排自己的学习和生活。业余时间多参加一些有益的文体活动和社会活动。不要看黄色下流、低级庸俗的书画影视，养成有规律的作息时间，按时睡觉，按时起床，睡觉时被子不要过暖，内裤最好用软质布料，不要太紧太小，要常洗常换，月经期最好每日清洗两次。睡眠时要侧卧，以右侧为宜。此外，乐观开朗的情绪，丰富多采的生活都会增强青春少女的健康。

6. 如何对待痛经　现代医学认为，凡在月经前后或月经期间发生下腹部疼痛以致影响劳动及生活称为痛经。痛经分为原发性痛经和继发性痛经两类。痛经的主要症状是月经来潮前 12～24 小时开始腰、腹部疼痛，到月经来潮前数小时疼痛加剧，呈阵发性绞痛，并向会阴部、大腿部放射，同时还可出现恶心、呕吐。待经血排出后，疼痛即减轻，一般二三天后疼痛消失。引起痛经的原因很多，一般都与心理精神因素有关，如情绪激动(生气)、抑郁、精神紧张等。有时，过度疲劳、剧烈活动、淋雨、受凉、大量食冷饮等，也可以引起痛经。

少女的痛经大都是原发性的。这类痛经的严重程度与情绪有关。恐惧、紧张、忧虑、郁闷都会使疼痛加重。痛经固然在月经过后会自然消失，但若不采取积极的预防措施，将会造成肉体和精神上的痛苦。首先，要预防痛经的发生，做到平时加强体育锻炼、保持心情开朗。其次，患有原发性痛经的女青年应对月经生理知识有正确的认识，消除对月经的恐惧、紧张情绪，注意营养及经期卫生。另外，行经时避免过度劳累，少吃寒凉生冷或刺激性的食物，并避免淋雨或洗冷水澡、在冷水中劳动等。

大多数原发性痛经者在婚后或生育后疼痛即可减轻或消失。继发性痛经的患者应及时请医师检查，查明痛因，及时治疗。不管是原发性痛经还是继发性痛经，如果痛得很严重，则都应该到医院就诊。青春期女孩一般 28 天来 1 次月经，但有的女孩可能会发生痛经现象。主要表现为月经期或经期前后发生腰部、腹部疼痛而影响学习和生活，严重者还可能出现恶心、呕吐。待经血排出后，疼痛减轻，通常二三天后疼痛消失。

青春期女孩痛经大都是原发性的。其严重程度大都与情绪有关。恐惧、紧张、忧虑、郁闷等都会使疼痛加重；而心情开朗则可减轻疼痛。因此，我们应保持乐观开朗的情绪。经常痛经者可以遵医嘱服用一些药物。

7. 性幻想　性幻想是指人在清醒状态下对不能实现的与性有关事件的想象，是自编的带有性色彩的“连续故事”，也称白日作梦。处于青春期的少男少女，对异性爱慕渴望很强烈，但又不能与所爱慕的异性发生性行为以满足自己的性欲。这样就把曾经在电影、电视、杂志、文艺书籍中看到过的情爱镜头和片断，经过重新组合，虚构出自己与爱慕的异性在一起。

这种幻想可以随心所欲地编，编得不满意再重新编；毫无顾忌地演，演得不理想再重新演。在进入角色之后，还伴有相应的情绪反应，可能激动万分，也可能伤心落泪。这种性幻想在入睡前及睡醒后卧床的那一段时间，以及闲暇时较多出现。部分人可导致性兴奋，女孩性器官充血，男孩射精，有的还伴随有手淫现象。这种性幻想在中学生中大量存在。据国外一些资料报道，大约有27%的男性和25%的女性，肯定他们在完全没有性知识时就有了性幻想；28%的男性和25%的女性，在青春期前就有这种性幻想。据国内调查，在19岁以下的青少年中，有性幻想的占68.8%。如果这种性幻想偶然出现，还是正常的、自然的；如果是经常出现以幻觉代替现实，可能会导致病态，应当引起注意和调节。

8. 性梦　性梦是指在睡梦中与异性发生性行为，达到性满足的现象。据国外资料报道，性梦的发生率男性多于女性，男性多发于青春期，女性多发于青春后期。男性有性梦常有射精（梦遗），一般性梦越生动逼真，肉体快感越大，梦中的情人多为不认识或仅仅见过面的女性，而且醒后一般回忆不起每一个细节。女性的性梦不同于男性的是睡醒后能回忆起梦的内容，并可影响自己的情绪和行为，这在具有癔病性格特点的女性更为显著。性梦的出现是无法受意识支配的，它是性欲得不到排解，自我压抑，转入梦境得到满足的一种生理活动，对他人无任何伤害，但起到了排解性欲的作用，因此是一种自慰行为。研究表明，性意识越强烈，压制越深，性梦出现的可能性就越大。

五、早恋的危害

早恋在不同社会制度，不同时代，乃至对不同的人没有一个统一的客观标准。就目前我国的实际情况及社会规范说，中学生谈恋爱就属于早恋，主要原因一是中学生学习任务繁重，早恋会分散大量精力，势必影响学业；二是经济生活的自立程度尚未独立。恋爱的目的是两性结合而成婚，这是需要经济上独立而且生活上有能力承担家庭责任的，中学生们显然不具备这个条件。

近年来的全国性调查显示，中学生的早恋已占有相当大的比率。早恋的学生一部分是学习成绩优秀的班干部，因工作需要有更多的机会接触异性，有威信、有号召力容易引起异性的注意和追求；另一部分是学习成绩较差及家庭不健全的学生，学习不好心理压力大，容易移情于两性交往，家庭不健全的同学缺乏父爱或母爱，感情饥渴，以寻求来自同龄人的关怀。当前中学生早恋一直是人们广泛关注的社会问题。早恋在一定程度上带来了影响学业、性行为低龄化、诱发犯罪等不良后果。因此，中学生谈恋爱一直被社会所否定。

概括起来，中学生早恋有如下特点：①朦胧性。对两性间的爱慕似懂非懂，不知如何去爱。②单纯性。只觉得和对方在一起愉快，对方有吸引力，缺乏成年人谈恋爱对对方家庭、政治、经济等多方面的深沉而理智的考虑。③差异性。表现为女生早恋的较早、较多，可能与女生发育较早有关。④不稳定性。早恋成功者实在少见，两个人随着各方面的不断成熟，由于理想、志趣、性格等方面的变化可引起爱情的变化，恋爱越早，离结婚之日越长，就越夜长梦多，缺乏稳定性。⑤冲动性。缺乏理智，往往遇事突发奇想，莽撞行事，一时冲动不计后果。有的心血来潮发生性交，饱尝苦果；有的聚散匆匆，聚时无真情，散时不动容，轻率交往，滑向道德败坏的泥潭之中。

家长和教育工作者对于中学生早恋的现象，应及时发现，及时采取措施。不要轻易地把早恋与道德败坏划等号，不要采取压制打击的手段，要尊重青少年的感情，耐心阐明道理，相信良好的教育方法必然会结出良好的教育之果。

中学生早恋的事，耳听为虚，眼见为实。一位记者随便在深圳市内找了几所中学，在放学的时候站在校门口看出来的少男少女。常常见到一出校门，就有男生骑单车把女生带在前横梁上离校，也有的男生骑着摩托车，带上女生一溜烟地就消失在车流中。把这种卿卿我我送女同学回家的情况说成是早恋，中学生们觉得这“帽子”太大了一点，但把这种现象说成“互相帮助”，显然不是那么回事。多数时候是谁都说不太清楚，暂且称它为中学生男女情感的灰色地带吧。有的男孩、女孩相安无事地走了过去，而有的则在这个地带迷失了方向，甚至铸成悔恨终身的错误。

广州某媒体报道，某中学高中的一个班级在上体育课的时候，有一位女同学突然倒在了操场上…… 后来，校医赶到，发现这个女生竟生下一个早产的婴儿。而这件事情发生之前，她从未向任何人提起自己怀孕的事，家长不知道，学校也不知道，连天天在一起的同学也没有察觉。

“在中学生中普及性知识，我以为很有必要。甚至明白一点讲，普及避孕知识也很有必要。现在的电视、电影太厉害了，小孩子小小年纪就什么都见过了，什么都敢想，也什么都敢做。一旦出了麻烦，可怎么得了。遮着盖着，不如面对现实”。一位心理教育工作者如此说。

12 月 1 日是世界艾滋病日。2003 年的世界艾滋病日的主题是“关注青少年，预防艾滋病”。联合国秘书长安南在当日发表讲话中说，“缺少关怀、亲情和性卫生教育，以及暴力、贫困和歧视是造成众多青少年感染艾滋病的主要原因”。艾滋病向青少年袭来这样的事情发生在非洲，也发生在亚洲，谁也说不准它什么时候就会来到人们的身边。

不要早恋！早恋将会出现很多很多的问题。

(1)影响学习，磨灭理想：每个青少年都有自己的远大理想、宏伟的抱负，都渴望成为社会的有用人才甚至是栋梁之材。任何理想、抱负的实现都离不开勤奋努力，学习知识。十七八岁，正是为各方面的成长、发展奠定基础的最佳时机，可谓黄金时代。这个时期的中学生充满了青春活力，精力旺盛，思想活跃，记忆力强，对新生事物极为敏感，是学习科学知识、提高各种能力的最好时期。因此，每一个中学生都应该全力以赴，专心致志地刻苦学习，为将来建设祖国，攀登科学高峰，打下坚实的基础，应该树立远大的理想，努力培养和磨练自己的意志，塑造美好的心灵，为造福人类，为最大限度地实现自己的人生价值，做好一切准备。如果这个时期被恋爱问题纠缠，必定分散学习精力，浪费大好时光，这无异于置一生远大前途而不顾。这种所谓爱情，极可能葬送了中学生的才能、事业和前途，待到以后追悔莫及。

(2)心理压力大，影响身体健康：中学生早恋，自知会受家长和社会上其他人的责备和议论，因而就要躲躲藏藏，远离人群，长此下去，影响了与同学、家人的关系。同时，这些中学生必然思想负担重，心理压力大，影响了他们心理的正常发展。有的甚至会改变性格，本来活泼、天真的女孩，就会变得孤僻、冷淡，对健康成长极为不利。

(3)草率地对待恋爱，酿成终身苦果：爱情之所以被称为人的终身大事，意味着她在人生中的重要地位。可是中学生由于涉世不深，阅历较浅，生活经验欠缺，对社会缺乏足够的了解，感情胜过理智。因此，在辨别人和事，在处理人际关系时，往往草率行事，一时感情冲动超过理智，与异性确立了恋爱关系，以后伴随着心理上的变化、发展、成熟，可能会对对方产生不满，进而中断彼此间的感情。这种情况，会引起中学生的失望情绪，使之消沉，甚至形成心理障碍，从而影响中学生精神生活的健康发展。

(4)出现过火行为，引发犯罪：中学生早恋，大多是由于感情的冲动或是出于对异性的神秘感和好奇心。这种神秘感、好奇心使他们盲目地效仿成人。当强烈的好奇心和感情上的冲动构成合力时，十分脆弱的理智防线就会被冲垮。在这种情况下，往往会出现过火行为，甚至造成不可弥补的损失，造成中学生心灵上的创伤。如果此时受到黄色书刊或者教唆犯的引诱，就极可能走向道德败坏或违法犯罪的道路。据调查，青少年犯罪三分之一的人有过早恋。某省调查表明，在犯罪原因一项里，与追求性刺激有关的占被调查人员总数的22%。

爱情之花是圣洁的，只有到了一定年龄，能够正确理解她，懂得珍惜她的人，才能栽培并以真诚之水使之永远盛开。对于中学生来说，在爱情生长的土壤还不具备的时候，最明智的办法是筑好防线，集中精力学习科学文化知识，拒绝接受和传播尚不成熟、只能结出苦果的所谓爱情种子。

(5)青少年妊娠，致终身遗恨：人类具有繁衍后代、延续种族的生殖能力。当精子和卵子结合以后，一个新的生命就被孕育起来。

青少年妊娠，主要是指13～19岁的未婚少女怀孕。这个年龄的少女妊娠，无论是从生理上，还是从心理上，都会产生不良后果。年龄越小，怀孕的危险性就越大，少女的死亡率也越高。因为，这时的少女在生理上还未发育成熟，很容易发生难产、产褥感染、产后出血等合并症。少女做人工流产，也是很危险的。同时，青春期少女怀孕，社会舆论将使之产生巨大的心理压力。无论是把孩子生下来，还是做人工流产，都不利于少女的身心健康。而且还会影响学习以及日后的生活。所以，作为青春期的中学生，一定要掌握和了解必要的性知识，防止怀孕。

六、性道德

性道德是指调节人类性行为的道德规范。异性相吸，性爱、性冲动和性行为是人类的一种本能，因为性行为涉及第二者，并产生生物学、社会学后果。所以，为了协调双方及与周围人的关系，必须有性道德。在不同的国家和地区，不同历史阶段、不同的家族和社会文化氛围，性道德是不同的。

人能够同禽兽区别开，成为真正的人，其中的一个重要标志就是道德。人们的各种行为都有各自的道德准则，人们的性行为必须遵守性道德，否则要受到法律制裁和道德谴责。道德是约束人们行为的内在力量。法律是约束人们行为的外在力量。

人类的社会生活可分为三大领域，即家庭生活、职业生活和公共生活。与此相对应的，用以调整和指导人与人之间、个人与社会之间的关系的整个社会道德规范也分为三大部分，即婚姻家庭道德、职业道德和社会公德。人类的性关系是婚姻家庭关系的一个重要内容，因此性道德也是婚姻家庭道德的一个重要组成部分。

1. 性道德特征　性道德是社会道德渗透在两性生活方面的行为规范，调节人们生理功能与社会文明之间的矛盾，是人们性行为的标准，也是衡量人类两性关系文化发展水平的重要标志。性道德是一种社会形态，它和其他社会上层建筑的社会意识形态一样，有着各自的特点，发挥各自的作用。

(1)性道德是一种特殊的规范：首先，性道德所制约的对象比较特殊，制约着人们的两性关系，是指导自己性生活的行为准则。而两性生活是人类社会生活中最具有感情色彩、最隐蔽、最动人心弦的一部分。其次，表现在性道德的制约作用十分敏感，一旦有人越轨，很快就会引起舆论哗然，人们就会议论、谴责，连亲友都感到有失脸面。在舆论的压力下，个人也易产生良心上的自责。同时，性道德规范与法律法规没有不可逾越的鸿沟，违反性道德，进而走上性违法犯罪。

(2)性道德具有比较特殊的层次性：我国是多民族的国家，各个民族的风俗习惯和性道德的形成，有着民族自身的不同特点。人类社会本身的多层次性，反映在性道德方面也出现了多层次的要求。

(3)性道德具有相当大的稳定性：整个上层建筑对经济

基础来说都具有稳定性特点，即使经济基础改变以后，原来的上层建筑还将稳定地保留一定时期。性道德规范比其他上层建筑变化的速度更慢，有着更大的稳定性。因为改变旧的观念，需要人们的思想文化、社会风尚和心理结构有一个变化的过程，这个过程是比较缓慢的。这也是新中国成立以后，在相当长的一段时间内，封建的道德观念仍然在有形无形地对人们发生影响的原因所在。

(4)性道德具有广泛而深刻的社会性：从纵向来看，性道德贯穿于人类社会的始终，是与社会共存的。从横向来看，性道德涉及到社会的每一个成员，到了生长发育期，都要受到性道德的约束，对个人、家庭和社会的影响都很大。

2. 性道德标准 性关系的基本道德类型如上所述。那么，性道德标准，即两性关系过程中所应遵循的道德标准，则是指导人们性行为的最基本的原则。评价人们的两性关系和性行为道德的标准，主要的有以下几方面：

(1)自愿原则：人们要进行性行为，必然有其目的性，如对异性形体外貌的美的追求，或企图通过肉体的接触、生殖器官的摩擦获得快感，或是为了传宗接代、获得生育子嗣的结果。为达到这些目的，就必须由一个主体影响另一个主体，成为一种社会性行为。这样，就会有双方主动或仅仅一方主动，双方愿意或仅仅一方愿意的区别。性道德的标准之一就是建立在自愿的原则上，即双方自愿的原则上。当然，在实际性活动中，所谓自愿主要指女方自愿。无论从生物性性质或社会性性质上看，在性交过程中，一般说男性多是处在主动和进攻的地位。所以，在性行为中，作为男方不仅要满足自己生理和心理上性的需要，也应顾及到女方的意愿。细说起来，自愿的原则有其重要意义。首先，没有恋爱、婚姻关系的双方，如违反自愿原则，就构成了强奸行为；其次，包办婚姻、买卖婚姻产生的性行为之所以不道德，也因为它违反自愿原则，就是自由恋爱而结成的夫妻，以现行的道德标准来说，如果妻子不愿进行性交活动，而丈夫加以强迫，也是违反道德的，一般认为是婚内强奸，在一些国家也构成犯罪。自愿的原则也应有一定的范畴，就目前来说，有些青年男女受性解放、性自由思潮影响，未婚即随便进行性交，虽是自愿，却违反了人类的性道德原则。

(2)无伤原则：假如只片面强调自愿原则，只要两性同意，就可以发生性关系显然也是不道德的，这里还有个“无伤”的原则。“无伤”主要指两人之间的性行为不会伤害其他人的幸福，不会伤害后代的健康，不会伤害社会的安定发展。另外，也要讲究性卫生，使性交行为不会损害自己或对方的身心健康。就第一方面的意义讲，我们可以理解，无论用什么样的辩辞，婚外性行为是不道德的，在婚前与一人山盟海誓的同时又脚踩两只船去欺骗另一个人也是不道德的。婚外性行为，无论某人与第三者的爱情如何真挚，尽管符合自愿原则，但违背了无伤原则，伤害了自己的妻子或丈夫，伤害了孩子，给社会安定团结也带来不良影响。除非履行法律程序，经法院裁决或协议离婚，再结婚，否则，婚外性行为是一种极违背无伤原则的行为。至于其他的婚外性行为，如嫖妓、宿娼、卖淫，导致感染与传播性病，连自己的妻子或子女也成为性传播疾病的无辜受害者，更是与无伤原则背道而驰。婚前性行为若形成风气，无疑是对社会的一大危害。同时，这些青年男女由于经常处在兴奋、紧张、担忧、沮丧等心理交替中，也妨碍本身身心健康的发展。何况若未婚先孕，对自己、对孩子都是极大的危害。所以，无伤的原则应从各方面广义理解，以保持性行为的道德准则。

(3)爱的原则：恩格斯在《家庭·私有制和国家的起源》中曾指出:“对于性交关系的评价,产生了一种新的道德标准,即不仅要问:它是结婚的还是私通的？而且要问:是不是由于爱情、由于相互的爱而发生的?”性道德的标准,只有自愿和无伤是远远不够的,在人类社会中区别于动物性的活动,就在于人类具有超乎于动物界的思想与情感,因之在性活动中具有对异性的、尤其对特定的某一个异性的爱情,就成为人类性道德的重要原则。单纯的自愿,可能是没有爱情的自愿。卖淫与嫖妓,双方均出于自愿,但这是不符合人类性道德原则的性行为。出于某种原因,如抵偿债务、报恩,或为了某种不正当的目的,也是在自愿基础上,也谈不上爱情,也是不道德的。单纯的无伤在缺乏性爱的性行为中,尽管没有造成明显的伤害,然而这只是一种低级的、冲动型的、没有真正情爱的性行为而已。只有具有爱情的性行为,才符合性道德原则。性爱不是单指性交,它是性行为中躯体的感受与心理的感觉有机的融合。为求单纯肉体上的一夜之欢的性交,很难说是存在着什么性爱的,只是为了满足性欲而已。

(4)婚约原则：人类社会的性道德具有明显的社会性,而社会又是要人们维护各种规范的,性行为同样须由道德规范和法律来制约。婚姻缔约就是道德规范在法律上的表现。两个异性之间产生爱情,而这种爱情又是自愿与无伤的,也必须经过法律的程序予以认可,才是符合道德原则的。俗话说:“男大当婚,女大当嫁”,明确告诉我们,人对两性生活的追求应该通过婚姻这条途径去实现和得到满足,而不是其他。因此,可以认为,性行为是婚姻的目的,婚姻是性行为的前提、手段和过程。爱本身就是一种美德,单单有性吸引的内容不足以完善,必须有精神的、智慧的因素,才能完美地表达出爱的真、善、美。

3. 性道德的调节手段　性道德之所以能够在人类社会中较为稳定地按一定规范延续，在种种不道德的性行为中仍树立自己一定的规范，是因为人类具有各种生理、心理情感错综复杂的调节手段。性道德也同样需要各种手段来加以调节、制约。目前较为统一的看法是，作为性道德的调节手段主要有羞耻感、义务感、责任感、良心感、道德感及贞洁感。

(1)羞耻感：羞耻感是一个人对自己的行为或他人的行为感到害羞与耻辱的一种感觉，在对待性行为中，羞耻感更为突出和特殊。动物是没有羞耻感的，羞耻感是人类所特有的。对人类来说，羞耻感也并非天生的，而是随着在家庭、社会中的教育，受文化背景的影响而逐渐形成的。例如，幼儿对裸体就无羞耻感。基督教的创世故事，亚当与夏娃原来也是没有羞耻感的，整日裸体相处，但无邪念，嬉戏终日。偷吃禁果后，便产生了羞耻感，遂用无花果叶遮住自己的羞处。羞耻感是性行为正常进行的保证。试想人们若无羞耻感，人类的性行为就陷入混乱状态。人类性行为具有普遍性、重要性、长期性、隐蔽性、冲动性、排他性和严肃性等特征。而羞耻感对上述特征的大部分具有保障和促进作用。人类的性行为、性道德由于有羞耻感的调节，才对性器官有一种隐私和隐藏的要求，对性行为有一种自私和个人的认知，才使性活动在一个特定的、安全的、隐蔽的、个人的场所中进行。总之，正因为在性实践中有羞耻感的存在，才有人的尊严和人类文化的发展。否则，人类则无异于动物了。

(2)义务感：义务感是指结婚的两性分别具有对对方在性生活、社会生活应尽义务的自觉性。包括性生活的相互满足、婚姻关系的相对稳定，在经济、疾病、灾害方面的相互扶助。性的义务感,具有一种自我控制的调节作用。社会不同,男女两性的性义务感也不相同。譬如在旧中国封建社会,女子的性义务感是充当男子的泄欲工具,或作为繁衍子女传宗接代的工具;而男子的义务感则是作为女子经济上的依靠,即使作为一般老百姓的男子汉也以养家糊口为己任。有的男女之间的性义务感是建立在金钱关系上的相互玩弄而已。男女两性的义务感只有建立在男女平等这一基本原则上才是正确的。男女个人在对性爱的要求和获得过程中,也充分注意使对方得到性爱的获得与满足。所以,性的义务感又必须以性爱为基础,以婚姻为标志。没有性爱的义务,不是性的义务感,而是普通的义务感;没有婚姻缔约的义务感,失去法律与道德的维系,这种义务感是脆弱的,不可靠的,难以持久的。

(3)责任感:责任感和义务感并不相同。义务感指男女两性相互承担的义务,而责任感则指男女两性的性活动,不仅要相互负责,而且还要对家庭、对社会负责。男女两个人的性活动,在恋爱阶段意味着两个个体追求思想上、感情上的一致;在性交阶段,意味着两个个体在肉体上的结合。性行为从个人角度是获得性的快感,而从社会角度是视为子女的繁衍、人口的增加。所以,中学生的早恋,青年的婚前性行为造成怀孕、非婚子女的增多,都是缺乏性责任感的表现。因此,时刻保持性责任感,就有利于自己性行为的控制,也有利于社会秩序的稳定。

(4)良心感:良心感是个人道德意识最基本的调节手段。用以调节在各种道德背景条件下复杂的道德关系。男女之间的两性关系更为复杂和多变,其道德关系更须凭借个人的良心来调节。当两性关系处于难以解决的冲突时,如喜新厌旧、重金钱地位、轻感情等,良心感就是一种内在的,自己心中的道德法庭。它可以衡量自己的性行为是否符合道德要求，可以控制自己的性欲在一定程度和范围内伸展，以抵御色情的、利己的性动机。众所周知的陈世美，就是一个在含有复杂社会背景的两性关系中缺少良心道德感的人。青年正处在恋爱阶段，对待此事一定要慎重，否则将会受到良心的谴责。因此，如果人们注重良心感在两性道德中的调控作用，就可以大大减少未婚先孕、始乱终弃及怨夫弃妇等现象，保证婚姻美满顺利地发展，自己的一生得到幸福的性生活。

(5)道德感：在两性关系表现出的道德感与个人的信仰、追求和对幸福的理解等多种因素有关，不同的社会阶段人们的道德感也不相同。有个连环漫画画得很有意思，原始社会人类只用树叶、毛皮遮盖人体，到封建社会则衣宽裤肥遮盖无隙，后来又可穿短裤、短衣，以至发展到比基尼三点式，从裸露程度上又恢复到原始程度，而人们的道德标准也分别予以承认。另外，不同民族、不同国家、不同地区的风俗习惯，可使人们的性道德感有所不同，如有的民族允许婚前的性开放，有的民族允许试婚，有的民族流行抢婚。除此之外，一个人的品德修养程度，是否具有性科学知识，甚至宗教信仰都与性道德感有关。

(6)贞洁感：在社会中之所以有些青少年对性行为采取放纵态度，除了以上若干调节手段的缺失外，还有一种重要的调节手段，即贞洁感。提到贞洁，我们会想到封建社会礼教对女性的压抑和束缚，所谓"饿死事小，失节事大"，是旧社会对女性贞洁的要求，其标志是以处女膜的破裂为标志。一般说，女性对自己的贞洁多是重视的，性贞洁感成为女性最高的道德标准。现代有些女子的贞洁感有所降低，甚至完全忽视，结果导致性自由、性解放的混乱局面。同时，贞洁感不能只针对女性，对男子同样有贞洁问题。有的男子自己可以胡搞乱搞，却对爱人苛求贞洁，这实际是把女方当做自己的奴仆和工具，毫无道德可言。在人们恋爱过程中，贞洁感这种道德调节手段相当重要，如果失去贞洁感，无论是男方还是女方，必将自食其苦果，后悔莫及。至于有些毫无贞洁感约束的男男女女，他们的行为造成了社会两性关系的混乱和性行为的变异失调，是极为不道德的。

七、培养正确的性观念

人的生殖器官一旦成熟，性的问题就迎面而来，直至衰老，它将伴随着人们度过漫长的一生。两性问题不但对个人，而且对家庭、社会都会产生很大的影响。所以，必须在早期对中学生进行性教育，以培养中学生正确的性观念。

1. 正确的性观念

(1)性问题并不神秘：性问题既不是神秘的，也不是见不得人的事，正常的性生活绝不是下流的，而是人人都需要，也都得经历的事。人如果不结婚生育，人类就要灭绝，只有通过繁衍，人类才能不断发展完善。

(2)人类生理发展的必然：进入青春期后，在生理和心理上都会发生一系列重大的变化，女性产生卵子，来月经；男性产生精子，有时遗精。第二性征越来越明显，男女性特征日趋完善，心理上发生微妙及敏感变化，并且性意识产生，使男女产生向往、追求异性的欲望。长大成人后，通过异性间接触、熟悉、喜欢而深化到恋爱最终结婚。这是人类生理发展的必然。

(3)男大当婚，女大当嫁：美满的婚姻不但能使人满足生理上的需要，而且可以变成事业上的动力，对人的身心健康，长寿都大有益处。独身能使人产生病态心理，严重影响身心健康，使人的寿命缩短。

(4)维护爱的纯洁：纵欲、淫荡、朝三暮四、玩弄异性感情都是社会道德所不允许的，对双方身体都有伤害。所以，进入青春期的中学生，务必珍惜爱的权利，维护爱的纯洁，树立正确的性观念。

2. 健康性意识的培养　中学生健康的性意识是非常重要的。怎样培养中学生健康的性意识呢？处于青春期的青少年，由于不可避免地接受了种种性信号，导致中学生早恋现象明显增多。如何帮助中学生解决这个问题，心理学家的研究和实践表明，青春期健康的性观念培养不失为一种理想的手段，即培养中学生在外界性刺激和自身性冲突之间的自我调节和控制能力，进而促进正常的性发育，使中学生健康成长。

(1)创造一个健康、宽松的男女交往环境：异性交往与友谊不仅是中学生成长的需要，而且是完善人格的需要。有些中学生对异性十分敏感，在异性面前脸红心跳，举止失态或想入非非。要消除这种性紧张，就必须在男女交往中创造一种宽松、和谐的环境，在日常生活中积累适度的性刺激，将有助于培养中学生较强的调适能力。扩大交往范围，与更多的同学进行交往，积极参加有益的集体活动，与异性朋友保持良好的友谊。

(2)加强情感的诱导和性文明的训练：人的情感用压制、禁止的方式是无济于事的。只有因势利导帮助中学生把握青春激情的闸门，才有利于他们形成稳定的心理定势，保持心理平衡。性萌动往往是性本能的冲动，但它完全可以通过大脑皮质的调节而得到控制。为此，应教育中学生遇到想做而不敢做的事时，尤须注意克制不适当行为发生，要把精力集中在学习上，也可参加各种有益的社团活动。实践证明，一个中学生如果生活充实，成才意识强烈，兴趣广泛，性兴趣就自然而然地分散或转移到其他有益健康的方面。

(3)以学业为重：培养广泛兴趣的同时，要以学业为重，将自己主要的精力投入到学习中去。

(4)及时学习生理卫生知识：适当学习青春期的生理卫生知识，了解青少年在此时期发育的基本特点，解除好奇心，控制自己的性爱情感与性冲动。

八、中学生性道德修养

青春期中学生由于神经兴奋和抑制的过程很不平衡，兴奋过程大于抑制过程。这一时期的情感强烈、敏感，易于冲动。少数中学生以对异性的倾心爱慕发展成盲目追求刺激，草率交异性朋友，不考虑自己行为的后果，做出了一些违背性道德的事情。

要杜绝违背性道德行为的发生，就要加强自尊、自重、自强、自爱的修养，加强自卫训练。

1. 加强自尊修养　自尊就是尊重自己的尊严。在任何情况下都不能丢掉自己的人格。应做到不为私利和私欲而向别人卑躬屈膝，放弃原则，绝不允许别人歧视和侮辱自己。

2. 加强自重修养　自重就是在处理任何问题时都应该慎重仔细，不能人云亦云，随波逐流。要对自己的言行负责。做事情要有分寸，不轻浮也不轻信。

3. 加强自强、自爱修养　自强、自爱就是要珍惜自己的生命和价值，不断充实自己、丰富自己，为实现自己的理想而珍惜青春，奋发向上。

4. 增强自卫意识　对于青春期女孩来说，必须增强自卫训练，学会保护自己，提高外界对自身不同形式侵害的识别和自卫能力。